mentor Übungsbuch

Mathematik

5./6. Klasse

Textaufgaben, Sachrechnen

Paul Weishaupt
Gerhard Ruf

Mit praktischem Lösungsteil zum Heraustrennen

mentor
Eine Klasse besser.

Die Autoren: Paul Weishaupt ist Gymnasiallehrer für Mathematik, Physik und Informatik.
Gerhard Ruf ist Gymnasiallehrer für Mathematik und Chemie und hat langjährige Erfahrung als Nachhilfelehrer

Redaktion: Hartmut Schultes, Verlagsprojekte, Zusmarshausen

Abbildungen: Henning Schöttke, Kiel (Comics)

Umwelthinweis: Gedruckt auf chlorfrei gebleichtem Papier

Layout: Peter Glaubitz, auf der Basis des Layouts von Barbara Slowik, München
Druck: Druckhaus Langenscheidt, Berlin

1. 2. 3. 4. 5. 08 07 06 05 04

Printed in Germany • ISBN 3-580-63911-0

Inhaltsverzeichnis

Abkürzungen: F = Fläche, G = Geld, Gew = Gewicht, H = Häufigkeit, L = Längen, P = Prozent, T = Temperatur, V = Volumen, Vert = Verteilung, W = Wahrscheinlichkeit, Z = Zeit

Benutzerhinweis

***Sternchen** Die mit einem **Sternchen (*)** gekennzeichneten Aufgaben können schwieriger als die anderen sein. Vielleicht kannst du sie auch noch nicht lösen, weil ihr den Stoff noch nicht durchgenommen habt.

Vorwort

V

Hallo, liebe Schülerin, lieber Schüler,

du sollst eine Mathearbeit mit Textaufgaben schreiben und möchtest noch ein bisschen trainieren, aber möglichst schnell und ohne viel Theorie?

Dann bist du hier richtig! Denn jetzt geht's besonders easy:

Treffsicher	Dieses Buch ist in **33 kleine Lernportionen** gegliedert. → So findest du dich besonders schnell zurecht.
Übersichtlich	Jede Lernportion umfasst genau eine **Doppelseite**. → So hast du immer alles auf einen Blick.
Einleuchtend	Jede Doppelseite beginnt mit einer **Regel** oder einem **Beispiel**. → So weißt du immer sofort, worauf es ankommt.
Clever	Dann geht's ans **Üben** – ganz locker, Schritt für Schritt. → So bereitest du dich optimal vor.
Praktisch	Den **Lösungsteil** kannst du heraustrennen. → So kontrollierst du blitzschnell – ohne Suchen und Blättern.

Am besten gleich loslegen!

Viel Spaß und ganz viel Erfolg

wünscht dir

dein mentor Verlag

Noch ein Tipp

Du hast noch mehr Nachholbedarf, aber keine Lust auf Nachhilfe? Dann versuch's doch mit den **mentor Lernhilfen**: Schau mal auf die Seite gegenüber!

1 Textaufgaben leicht gemacht!

Vielleicht geht es dir so wie vielen deiner Mitschüler: Jedes Mal, wenn in der Mathe-Stunde das Wort „Textaufgabe" fällt, läuft es dir heiß und kalt den Rücken herunter. Aber keine Angst – das wirst du mit diesem Buch in den Griff bekommen! Hast du dir eigentlich schon mal klar gemacht, dass gerade diese Sorte Aufgaben am meisten mit dem richtigen Leben zu tun hat? Denn hier lernst du Probleme zu lösen, die im Alltag immer wieder auf dich zukommen und noch nicht als fertige Rechenaufgabe formuliert sind.

Eine Textaufgabe ist eine Aufgabe, bei der die eigentliche Fragestellung und alle nötigen Informationen in einem Text verpackt sind. Diese musst du „entpacken".
Dazu musst du die im Aufgabentext gegebenen Informationen heraussuchen und systematisch zusammenstellen. Außerdem musst du die Fragestellung verstehen.

Um die Frage(n) zu beantworten, musst du eigentlich immer eine Rechenaufgabe lösen, in welcher die gegebenen Informationen verwendet werden. Das Schwierige an den Textaufgaben ist meist, dass du die Rechenaufgabe selber richtig zusammenstellen musst. Das Ausrechnen ist dann normalerweise kein Problem mehr, wenn sich nicht hier und dort ein Fehler bei den Größenordnungen oder den Einheiten einschleicht.
Die gestellte(n) Frage(n) soll(en) zum Schluss immer in einem ganzen Satz beantwortet werden.

Damit du nicht durcheinander kommst und an alles denkst, ist es am besten, wenn du systematisch vorgehst – schrittweise.
Auf der rechten Seite findest du das Vorgehen beim Verstehen und Lösen von Textaufgaben systematisch in einer Checkliste dargestellt. Die 5 Schritte helfen dir, den Überblick zu behalten und die Ruhe zu bewahren.

Ein ausführliches Beispiel mit den 5 Schritten findest du auf den Seiten 8–9. Und auch in den vielen durchgerechneten Beispielen des Buches findest du meistens die Schritte 2 bis 5 wieder.

Checkliste: Die 5 Schritte

Erster Schritt

Verstehen

- Lies den ganzen Text (lieber mehrmals) genau durch!
- Informiere dich über unklare Begriffe (Lexikon usw.)!

Zweiter Schritt

Gegeben – gesucht

- Schreibe alle Sachinformationen (Stichwörter, Zahlen) heraus!
- Wie heißt die Fragestellung?
- Musst du dir Zwischenfragen überlegen?
- Schreibe die Fragen auf!

Dritter Schritt

Lösungsplan

- Denke die Aufgabe schrittweise durch und notiere die Schritte in Stichwörtern!
- Oft kann eine Skizze helfen.
- Baue aus diesen Schritten ggf. den Gesamtansatz oder die Gleichung zusammen!
- Notiere den Ansatz in Stichwörtern!

Vierter Schritt

Ausrechnen

- Schreibe die Rechnung(en) auf:
  - schrittweise
  - im Gesamtansatz
  - als Gleichung (x-Ansatz)
- Berechne die Lösung(en) nach deinem Plan.
- Schreibe übersichtlich!
- Achte auf Benennungen!
- Nebenrechnungen auf das Blatt!
- Kann das Ergebnis richtig sein? (Schätzung)

Fünfter Schritt

Antwortsatz

- Schreibe die Antwort in einem ganzen Satz!
- Verwende Begriffe, die in der Fragestellung der Aufgabe vorkommen!

2 Lösungswege I – Gesamtansatz oder kleine Schritte?

Erinnere dich an die 5 Schritte aus dem vorigen Kapitel:
1. Schritt: Verstehen
2. Schritt: Gegeben – Gesucht
3. Schritt: Lösungsplan
4. Schritt: Ausrechnen
5. Schritt: Antwortsatz

Diese Vorgehensweise wollen wir jetzt ausführlich an einem Beispiel ausprobieren. Dabei wirst du für die Stichwörter im Schritt „Lösungsplan" im Schritt „Ausrechnen" **2 Möglichkeiten** kennen lernen, wie du zur Lösung deiner Rechnung(en) kommst: mit **kleinen Schritten** oder mit einem **Gesamtansatz**.

Beispiel

Ein LKW soll mit großen blauen Kisten und kleinen roten Kisten beladen werden. Es werden 12 blaue Kisten zu je 650 kg aufgeladen. Für 30 rote Kisten ist noch Platz. Die ganze Ladung wiegt 15 t. Welches Gewicht hat eine rote Kiste?

Schritt 1: Text und Begriffe verstanden? – Dann los!

Schritt 2: Welche Informationen hast du?

Gegeben: 12 blaue Kisten; je 650 kg
30 rote Kisten;
ganze Ladung: 15 t = 15 000 kg

Wie heißt die Frage? – Suche Zwischenfragen!

Gesucht: Frage: Was wiegt eine rote Kiste?
Zwischenfragen:
Was wiegen die 12 blauen Kisten zusammen?
Welches Gewicht bleibt für die 30 roten Kisten übrig?

Schritt 3: Aus den Zwischenfragen ergibt sich der Lösungsweg:

Plan:
Berechne das Gewicht der 12 blauen Kisten.
Berechne den Unterschied zwischen dem Gewicht der ganzen Ladung und den 12 blauen Kisten. Der Unterschied entspricht dem Gewicht der 30 roten Kisten.

Schritt 4: Die Lösung berechnen
Den Lösungsplan kann man auf **zwei** verschiedene Arten umsetzen.

1. Möglichkeit: Schrittweise Lösung (Einzelrechnungen)

Bei der schrittweisen Lösung verwendest du das Ergebnis eines Rechenschrittes beim nächsten Schritt:

Blaue Kisten: 650 kg · 12 = 7800 kg
(eine blaue Kiste · 12)

Unterschied: 15000 kg – 7800 kg = 7200 kg
(ganze Ladung – blaue Kisten)

Eine rote Kiste: 7200 kg : 30 = 240 kg
(Unterschied : 30)

2. Möglichkeit: Lösung mit dem Gesamtansatz

Beim Gesamtansatz werden alle Informationen zu einem einzigen Rechenausdruck zusammengestellt. **Überlege die Einzelschritte wie oben, aber rechne sie nicht aus!** Setze deine Schritte nun zusammen! (Begriffe schrittweise ersetzen!) Das geht sehr gut von rückwärts. Vergleiche mit oben. Setze die Einzelschritte zur Sicherheit jeweils in Klammern!

Eine rote Kiste:
Unterschied : 30 =

Was ist der Unterschied?
(Ganze Ladung – blaue Kisten) : 30 =

Was sind die blauen Kisten?
[Ganze Ladung – (blaue Kiste · 12)] : 30 =

Alle Begriffe durch Zahlen ersetzt:
[15 000 kg – (650 kg · 12)] : 30 = 240 kg

Schritt 5: Die Antwort nicht vergessen: Eine rote Kiste wiegt 240 kg.

Übung 1

Löse die folgende Aufgabe, wie oben beschrieben, nach der Methode der kleinen Schritte.
Ein Lkw soll mit braunen, blauen und roten Kisten beladen werden. Es wurden bereits 15 braune Kisten zu je 100 kg und 50 blaue Kisten zu je 40 kg aufgeladen. Für wie viele rote Kisten zu je 50 kg ist noch Platz, wenn die ganze Ladung 7,5 t wiegen darf?

3 Gewicht – Eine Menge Kies

Beispiel

Christian wohnt an einer vielbefahrenen Straße. Er hat einmal in einer Stunde 20 Kieslastzüge gezählt, die vollbeladen durch den Ort donnerten. Sein Freund erzählte ihm, dass diese durchschnittlich mit 35 Tonnen Kies beladen sind.

a) Wie viel Tonnen Kies werden an einem Tag durch den Ort gefahren, wenn Christian annimmt, dass seine Zahl den ganzen Tag (8 Stunden) gleich bleibt?

b) Welche Länge hätte ein Güterzug, der die ganze Tagesmenge Kies geladen hat, wenn ein Güterwaggon 14 m lang ist und 25 t laden kann?

a) **Gegeben:** Anzahl Lkw: 20 pro Stunde
Ladung: 35 t
Dauer: 8 Stunden
Gesucht: Gesamtgewicht

b) **Gegeben:** Länge Waggon: 14 m
Ladung: 25 t
Gesucht: Länge des Güterzuges

a) **Plan:**
Berechne die Zahl der Kieszüge in 8 Stunden und dann das Gewicht!
Oder: Gewicht der Ladung in einer Stunde, dann in 8 Stunden!
$(20 \cdot 8) \cdot 35\ t = 160 \cdot 35\ t = 5600\ t$
Oder $(20 \cdot 35\ t) \cdot 8$ (Faktoren darfst du vertauschen)
Die Tagesmenge wiegt 5600 t.

b) **Plan:**
Berechne die Anzahl der Waggons (Wie oft ist die Ladung eines Waggons in der Tagesmenge enthalten?) und damit die Gesamtlänge!
$5600\ t : 25\ t = 224$
$224 \cdot 14\ m = 3136\ m = 3\ km\ 136\ m$
Oder als Gesamtansatz: $(5600\ t : 25t) \cdot 14\ m = 3136\ m$
Der Güterzug wäre 3 km 136 m lang.

Übung 1

Brücke

Ein Lastkraftwagen wiegt ohne Ladung 2,8 t. Er hat 108 Pakete zu je 38 kg und 9 Fässer zu je 50 kg geladen. Darf er über eine Brücke fahren, die 7,5 t Gesamtgewicht zulässt? (Kleine Schritte)

Übung 2

Biomarmelade

Im Garten von Familie Schreber gibt es in diesem Jahr viele Erdbeeren. Daher möchte Frau Schreber selbst Erdbeermarmelade machen. Die Kinder Erna und Peter helfen beim Pflücken mit. Anschließend wiegen alle drei ihr Erdbeeren auf der Küchenwaage. Erna hat 1 kg 200 g, Peter 850 g und Frau Schreber 1 kg 450 g geerntet. Zusammen mit dem Inhalt von 6 Paketen Zucker zu je 500 g werden die Erdbeeren einige Minuten gekocht und dann in Gläser zu je 450 g abgefüllt. Was übrig bleibt, dürfen die Kinder gleich verzehren. Wie viele Gläser kann Frau Schreber abfüllen? (Gesamtansatz)

Übung 3

Der starke Mann

Ein Gewichtheber hat bei einem Wettkampf ein Gewicht von 260 kg gestemmt und damit den Weltrekord im so genannten „Stoßen“ geschafft.

a) Wie viele Kisten Limonade könnte er aufeinander gestapelt anheben, wenn eine Kiste 20 volle Flaschen zu je 920 g enthält und die leere Kiste 1 kg 600 g wiegt? (Kleine Schritte)

b) Wie hoch wäre der Stapel, wenn ein Kiste 26 cm hoch ist?

Übung 4

Gewichtsproblem

Ein LKW soll mit großen blauen Kisten und kleinen roten Kisten beladen werden. Es werden 12 blaue Kisten zu je 650 kg aufgeladen. Eine rote Kiste wiegt 240 kg. Die ganze Ladung wiegt 15 t. Für wie viele rote Kisten ist noch Platz? (Gesamtansatz)

4 Lösungswege II – Die Sache mit dem „x"!

Hier lernst du die 3. Möglichkeit kennen, mit der du bestimmte Aufgaben, in denen nach einer Unbekannten „x" gefragt wird, bearbeiten und lösen kannst.
Ein Ausdruck mit Platzhalter, meist x genannt, und genau einem Gleichheitszeichen (=) heißt Gleichung. Wir unterscheiden bei der Gleichung eine linke und eine rechte Seite.

Tipp

Verwende für jeden Rechenschritt eine neue Zeile und schreibe die Gleichheitszeichen exakt untereinander.

Beispiel

Von welcher Zahl muss man die Summe der Zahlen 48 und 27 subtrahieren, um die Differenz der Zahlen 25 und 12 zu erhalten?

Info

Kennst du die Begriffe noch?
Summand + Summand = Summe
Minuend – Subtrahend = Differenz
1. Faktor · 2. Faktor = Produkt
Dividend : Divisor = Quotient

Plan:
Die gesuchte Zahl ist x. Das Wort um (… zu erhalten) zeigt dir die Lage des Gleichheitszeichens (=). Es bestimmt auch die linke Seite (Zahl und Summe) und die rechte Seite (Differenz) der Gleichung. Das Wort „von" setzt die gesuchte Zahl x an die erste Stelle der Differenz. (Erinnere dich: Wir subtrahieren von der gesuchten Zahl!)

$x - \text{Summe} = \text{Differenz};$	Zahlen einsetzen!
$x - (48 + 27) = 25 - 12;$	beide Seiten berechnen!
$x - 75 = 13;$	Probe auf den Minuenden x!
$x = 13 + 75;$	
$x = 88$	

Die Zahl heißt 88.

Ausrechnen: Probeschritte bei Gleichungen (Beispiele)

Summe:	$x + 5 = 8$	Probe auf den 1. Summanden:	$x = 8 - 5 = 3$
Summe:	$7 + x = 9$	Probe auf den 2. Summanden:	$x = 9 - 7 = 2$
Differenz:	$x - 9 = 5$	Probe auf den Minuenden:	$x = 5 + 9 = 14$
Differenz:	$8 - x = 2$	Probe auf den Subtrahenden:	$x = 8 - 2 = 6$
Produkt:	$x \cdot 3 = 6$	Probe auf den 1. Faktor:	$x = 6 : 3 = 2$
Produkt:	$2 \cdot x = 8$	Probe auf den 2. Faktor:	$x = 8 : 2 = 4$
Quotient:	$x : 4 = 8$	Probe auf den Dividenden:	$x = 8 \cdot 4 = 32$
Quotient:	$6 : x = 3$	Probe auf den Divisor:	$x = 6 : 3 = 2$

Übung 1

a) Welche Zahl muss man zur Differenz der Zahlen 189 und 45 addieren, um die Summe der Zahlen 123 und 234 zu erhalten?

b) Welche Zahl muss man von der Differenz der Zahlen 95 und 24 subtrahieren, um die Summe zu erhalten, deren 1. Summand die Differenz der Zahlen 67 und 35 und deren 2. Summand die Zahl 19 ist?

c) Zu welcher Zahl muss ich die größte zweistellige Zahl addieren, um den Unterschied (Differenz) zwischen der größten dreistelligen Zahl und 222 zu erhalten?

Übung 2

a) Ich denke mir eine Zahl. Wenn ich diese Zahl mit dem Quotienten aus 128 und 16 multipliziere, so ergibt sich der gleiche Wert wie bei einer Differenz, deren Minuend das Produkt der Zahlen 4 und 125 und deren Subtrahend der Quotient der Zahlen 720 und 12 ist. Wie heißt die Zahl?

b) Welche Zahl muss man durch die Summe der Zahlen 18 und 82 dividieren, um das Produkt aus der Summe der Zahlen 11 und 19 und der Differenz der Zahlen 29 und 18 zu erhalten?

Übung 3*

a) Mit welcher Zahl muss man $2\frac{3}{4}$ multiplizieren, um $4\frac{1}{8}$ zu erhalten?

b) Von welcher Zahl muss man die Summe der Zahlen $20\frac{1}{2}$ und $18\frac{3}{4}$ subtrahieren, um die Differenz der Zahlen $212\frac{2}{3}$ und $195\frac{5}{6}$ zu erhalten?

Übung 4*

a) Welche Zahl muss man durch die Summe der Zahlen $1\frac{2}{3}$ und $\frac{5}{12}$ dividieren, um $1\frac{3}{5}$ zu erhalten?

b) Durch welche Zahl muss man 8,5 dividieren, um das Produkt der Zahlen 3,4 und 0,25 zu erhalten?

5 Längen – Rennfahrer, Radler, Wanderer

Beispiel

Beim großen Preis von Traumland starten auch die Rennfahrer Gabriel Sockenstricker (Socki) und Simon Hügel. Die Strecke ist 308 km lang. Socki ist nach 44 Runden der große Sieger, während Simon Hügel nach 224 km – zum Glück unverletzt – im Gebüsch landete.

a) Wie lang ist eine Runde?
b) Nach wie vielen Runden ist Hügel ausgeschieden?

a) **Gegeben:** Strecke: 308 km
44 Runden
Gesucht: Länge einer Runde

Plan:
Die ganze Strecke wird in 44 Teile geteilt.
Beachte, dass das Ergebnis der Teilung wieder eine Strecke ist.
308 km : 44 = 7 km

b) **Gegeben:** Strecke: 224 km
Länge einer Runde: 7 km
Gesucht: Anzahl der Runden

Plan:
Berechne, wie oft die Strecke 7 km in der Strecke 224 km enthalten ist. Das Ergebnis ist eine Zahl ohne Maßeinheit.
224 km : 7 km = 32 (keine Benennung!)

a) Eine Runde ist 7 km lang.
b) Hügel ist nach 32 Runden ausgeschieden.

Beachte: Bei dieser Sorte Aufgaben darfst du nur Zahlen mit gleichen Benennungen teilen.

Übung 1

Harry nimmt Maß

Harry Hurtig plant eine Radtour.

a) Seine erste Etappe hat auf einer Karte im Maßstab 1 : 50 000 eine Länge von 52 cm. Wie lang ist sie in Wirklichkeit?

b) Die zweite Etappe soll 30 km lang sein. Welche Strecke misst er dafür auf der Karte?

c) Auf einer anderen Karte ist die zweite Etappe 40 cm lang. Welchen Maßstab hat diese?

Der Maßstab ist 1 :

Hilfe:

a) Die wirkliche Länge ist 50 000-mal so groß!

b) In der Karte der 50 000te Teil! (Teilung!).

c) Wie oft ist die Strecke auf der Karte in der wirklichen Strecke enthalten?

Übung 2

Wanderung

Zwei Freunde unternehmen eine viertägige Wanderung zu einem 132 km entfernten Ziel. Am 1. Tag legen sie 29 km, am 2. Tag 31 km, am 3. Tag 35 km zurück. Wie lang ist die letzte Strecke? Stelle eine Gleichung auf!

Tipp:

Alle Strecken zusammen (linke Seite) ergeben die ganze Strecke (rechte Seite).

Gleichung: ______ + ______ + ______ + ______ = ______

6 Gewicht – Flugzeug

Beispiel

Das Kurzstreckenflugzeug City-Hopper darf beim Start höchstens 14,6 t wiegen. Es hat ein Leergewicht einschließlich Besatzung von 8 t 98 kg, der Tank ist mit 2,94 t Kerosin (Treibstoff) gefüllt. Das Durchschnittsgewicht eines Passagiers wird mit 72 kg angenommen und pro Person sind ein Koffer mit 20 kg Gewicht sowie 5 kg Handgepäck erlaubt. Wie viele Passagiere kann das Flugzeug aufnehmen? Löse die Aufgabe mit einem Gesamtansatz!

Gegeben:	Höchstgewicht:	14,6 t
	Passagier:	72 kg
	Leergewicht:	8 t 98 kg
	Koffergewicht:	20 kg
	Treibstoff:	2,94 t
	Handgepäck:	5 kg
Gesucht:	Anzahl der Passagiere	

Plan:

Die Anzahl der Passagiere ergibt sich, wenn du ermittelst, wie oft das Gesamtgewicht einer Person (mit Gepäck!) in dem Gewicht enthalten ist, welches das Flugzeug noch aufnehmen kann (Zuladung). Die Zuladung ist der Unterschied zwischen Höchstgewicht und Leergewicht einschließlich Treibstoff.

Zuladung = Höchstgewicht – (Leergewicht + Treibstoff)
Person = Passagier + Koffer + Handgepäck
Anzahl = Zuladung : Person
Gesamtansatz: Ersetze jetzt die Begriffe Zuladung und Person! Klammern!

[Höchstgewicht – (Leergewicht + Treibstoff)]
: (Passagier + Koffer + Handgepäck)
= [14,6 t – (8 t 98 kg + 2,94 t)] : (72 kg + 20 kg + 5 kg)
= [14 600 kg – (8098 kg + 2940 kg)] : 97 kg
= [14 600 kg – 11038 kg] : 97 kg = 3562 kg : 97 kg = 36 Rest 70 kg

Der Rest ist für eine weitere Person zu wenig.
Antwort: Es können 36 Personen mitfliegen.

Übung 1

Weniger Gepäck

Wie viele Passagiere könnten im City-Hopper (siehe linke Seite) zusätzlich fliegen, wenn alle nur Handgepäck mitführen dürften? (Gesamtansatz)

Gegeben: siehe linke Seite (verwende auch die Ergebnisse!)

Gesucht: Zahl der zusätzlichen Passagiere

Tipp:

Teile die Summe aus dem Gesamtgewicht der 36 Koffer und dem Restgewicht durch das Gewicht eines Passagiers mit Handgepäck. Oder: Teile die Zuladung durch das Gewicht eines Passagiers mit Handgepäck.

Übung 2*

Warenauslieferung

Moritz Schnell liefert Ware aus. Beim ersten Kunden lädt er drei Kisten zu je 64 kg ab, das sind $\frac{2}{5}$ der Gesamtladung. Dem zweiten Kunden liefert er 25 Kisten zu je 3,52 kg. Die Kisten für den dritten Kunden wiegen je 12,5 kg.

a) Wie schwer ist die ganze Ladung (Zwischenergebnis: 480 kg)

b) Wie viele Kisten erhält der dritte Kunde?

c) Welcher Bruchteil des Gesamtgewichts entfällt auf den dritten Kunden (runde auf eine ganzzahlige Prozentzahl)?

Übung 3*

Saubermann

Großhändler Saubermann bezieht eine Lieferung Seifen mit einem Gesamtgewicht von 11,655 t. Es handelt sich um 250 Kisten mit Seifen der Marke „Dufti" und 200 Kisten mit Spezialseifen der Marke „Fleckweg". Jede Kiste wiegt ohne Inhalt 3,4 kg. Alle Kisten sind mit Inhalt gleich schwer.

a) Wie schwer ist der Inhalt einer Kiste? (Gesamtansatz)

b) Wie viele Seifenstücke jeder Marke sind es pro Kiste, wenn ein Stück „Dufti" 125 g und ein Stück „Fleckweg" 75 g wiegt?

7 Geld – Christian als Zeitungsjunge

Beispiel 1

Christian verdient sich als Zeitungsausträger ein Taschengeld. Neben dem wöchentlichen Grundbetrag von 13,30 € kann er sein Einkommen mit Prämien aufbessern, wenn er zusätzlich Prospekte einer Werbefirma verteilt. Im Februar hat er eine Prämie zu 4,75 € und zwei Prämien zu 3 € 90 Ct erhalten. Im März bekam er drei Prämien zu 4,35 €.

a) Wie viel hat Christian in diesen 8 Wochen verdient?

b) Wie viel verdiente er durchschnittlich in einer Woche (rechne mit 4 Wochen pro Monat)?

Gegeben: Grundbetrag: 13,30 €
Prämien: 4,75 €, zwei je 3 € 90 Ct, drei je 4,35 €
Anzahl der Wochen: 8

Gesucht: a) Gesamtverdienst in 8 Wochen
b) Wöchentlicher Durchschnittsverdienst

Plan:

Die Gesamteinnahmen ergeben sich aus dem achtfachen Grundbetrag und allen Prämien. Durchschnitt heißt: Die Gesamteinnahmen werden rechnerisch gleichmäßig auf die 8 Wochen verteilt.

a) 13,30 € · 8 + 4,75 € + 3 € 90 Ct · 2 + 4,35 € · 3
= 10 640 Ct + 475 Ct + 780 Ct + 1305 Ct = 13 200 Ct = 132 €

Christian hat insgesamt 132 € verdient.

b) 13 200 Ct : 8 = 1650 Ct = 16,50 €

In einer Woche verdiente er durchschnittlich 16,50 €.

Beispiel 2

Kasten oder Flasche?

Eine Flasche Limonade kostet einzeln 45 Cent ohne Pfand. Otto kauft einen ganzen Kasten mit 20 Flaschen und bezahlt dafür 9,10 €, wobei 2,50 € Pfand für den Kasten und die Leerflaschen enthalten sind. Um wie viel ist die Flasche im Einzelverkauf teurer (rechne mit Gesamtansatz)?

Gegeben: Einzelpreis: 45 Cent,
Kastenpreis: 9,10 €; Pfand: 2,50 €

Gesucht: Preisunterschied für eine Flasche

Plan:

Preis der Einzelflasche – Preis einer Flasche vom Kasten

Preis der Einzelflasche – [(Gesamtpreis minus Pfand) : Anzahl der Flaschen]

45 Ct – [(9,10 € – 2,50 €) : 20] = 45 Ct – 660 Ct : 20
= 45 Ct – 33 Ct = 12 Ct

Die Einzelflasche ist um 12 Cent teurer.

Übung 1

Schreibwaren

Christina kauft zum Schulanfang ein: Ein Schreibmäppchen für 7,90 €, 8 große Hefte zu je 65 Cent, 15 kleine Hefte zu je 40 Cent, einen Zirkel für 13,50 €, ein Geodreieck für 1,75 € und Farbstifte für 5,65 €. Ihre Mutter hat ihr einen 50 Euro-Schein mitgegeben.
Wie viel Geld muss sie wieder mitbringen? (Gesamtansatz)

Übung 2

Ausflug

Susi und Christiane unternehmen einen viertägigen Ausflug. Susi hatte anfangs 74,40 €, Christiane hatte 23,90 € mehr als Susi.
Bei der Rückkehr hatte Susi noch den 6-ten Teil ihres Geldes übrig, bei Christiane fehlten noch 1,70 € zu 10 €.
Wie viel hat jede von beiden durchschnittlich pro Tag ausgegeben?

Übung 3

Bergwanderung

Ein Klasse mit 25 Schülern plant eine zweitägige Bergwanderung. Fahrtkosten und Übernachtung betragen zusammen 635 €. Die Übernachtung auf der Berghütte kostet pro Schüler 11 €.
a) Wie hoch sind die Fahrtkosten für jeden Schüler? (Gesamtansatz)

b) Ein Schüler wird krank und kann nicht mitfahren. Die Übernachtungskosten entfallen, aber der Preis für den Bus bleibt gleich.
Welchen Betrag müssen die übrigen Schüler für den Bus dazuzahlen? Zwei Rechenwege sind möglich!

Übung 4

Guthabenhandy

Lisa hat zum Geburtstag ein Guthabenhandy mit Karte geschenkt bekommen. Die Eltern haben dafür 88 € bezahlt. Lisa berechnet die Gesamtkosten, die innerhalb von 2 Jahren mindestens anfallen werden. Sie weiß, dass 15 € Startguthaben beim Kauf enthalten ist, aber noch einmal 25 € für das Aufladen der Karte anfallen, damit diese im Zeitraum von 2 Jahren nicht verfällt.
a) Welche Gesamtkosten ermittelt Lisa?
b) Lisa nimmt sich vor, nur im Notfall zu telefonieren und rechnet mit einem Anruf pro Monat von je 2 Minuten Dauer. Den Rest des Guthabens auf der Karte will sie für SMS verwenden. Wie viele SMS kann sie in dem Zeitraum verschicken, wenn die SMS 0,19 € kostet und eine Minute Telefongespräch mit 0,49 € zu Buche schlägt?

8 Geld – Prozente

Beispiel

Herr Glückspilz gewinnt im Lotto. Nun kauft er sich ein Auto, für das er nach Abzug von 3 % Skonto (= Preisnachlass) 33 950 € bezahlen muss. Für die 3 % Skonto kauft er sich ein Fernsehgerät. Die Hälfte des Gewinns legt er bei seiner Bank zu einem Zinssatz von 6 % an. Er erhält dafür monatlich 350 € Zinsen. Mit dem Rest seines Gewinns kauft er sich ein Grundstück.

a) Wie teuer war das Auto?
b) Was kostet das Fernsehgerät?
c) Wie hoch war der ganze Lottogewinn?
d) Wie teuer war das Grundstück?
e) Wie viel Prozent seines Gewinns macht der Preis für das Grundstück aus?

Gegeben: Skonto 3 %
Kosten des Autos abzüglich Skonto 33 950 €
Geldanlage der Hälfte zu 6 %
monatlicher Zins 350 €

Info

Prozentwert = Prozentsatz · Grundwert oder
Prozentsatz = Prozentwert : Grundwert oder
Grundwert = Prozentwert : Prozentsatz

Jahreszins = Zinssatz · Kapital oder
Zinssatz = Jahreszins : Kapital oder
Kapital = Jahreszins : Zinssatz

a) 33 950 € entspricht 97 % des Kaufpreises
(Tipp: 97 % = 0,97 = $\frac{97}{100}$)
33 950 € = Prozentwert; Kaufpreis = Grundwert
Kaufpreis = 33 950 € : 0,97 = 35 000 €
Das Auto kostet 35 000 €.
b) Skonto: 35 000 € – 33 950 € = 1050 €
(oder: 3% von 35 000 € = 0,03 · 35 000 €)
Das Fernsehgerät kostet 1050 €.
c) Jahreszins: 350 € · 12 = 4200 €
Kapital = 4200 € : 0,06 = 70 000 €
(Lottogewinn = doppeltes Kapital)
Der gesamte Lottogewinn beträgt 140 000 €.
d) Grundstück: 140 000 € – (70 000 € + 35 000 €) = 35 000 €
Das Grundstück kostet 35 000 €.
e) Grundstückspreis = Prozentwert; Lottogewinn = Grundwert;
Prozentsatz = 35 000 € : 140 000 € = 0,25
Der Preis für das Grundstück macht 25 % des Gewinns aus.

Übung 1*

Schnäppchen

Franz Schön und seine Freundin Lisa Hübsch sind auf Schnäppchenjagd. Er kann einen mit 385 € ausgezeichneten Anzug 30 % billiger bekommen. Sie erhält beim Kauf eines Kleides 35 % Preisnachlass und muss noch 135,85 € bezahlen. Außerdem findet Frau Hübsch noch ein Paar Schuhe zum Preis von 84 €, die vorher 120 € gekostet haben.

a) Was muss Herr Schön für den Anzug bezahlen?

b) Wie teuer war das Kleid von Frau Hübsch ursprünglich?

c) Um wie viel Prozent (des ursprünglichen Preises) sind die Schuhe billiger geworden?

Übung 2*

Herr Glückspilz lässt sein Geld wachsen

Herr Glückspilz hat bei seiner Bank 140 000 € zu 6 % angelegt.

a) Wie viel Zins erhält er nach einem Jahr?

b) Wie viel Geld (einschließlich Zinsen) besitzt er nach dem zweiten Jahr, wenn er den Zins des 1. Jahres zu seiner Geldeinlage hinzufügt?

Übung 3*

Geldanlage

Frau Money hatte zum Jahresbeginn ihr Geld zu 6 % angelegt. Am Jahresende lässt sie sich das Kapital samt Zinsen ausbezahlen und erhält 26 500,00 €. Wie hoch war das ursprüngliche Kapital am Jahresanfang? (Beachte: Sie hat am Ende des Jahres 106 % ihres Kapitals.)

Übung 4*

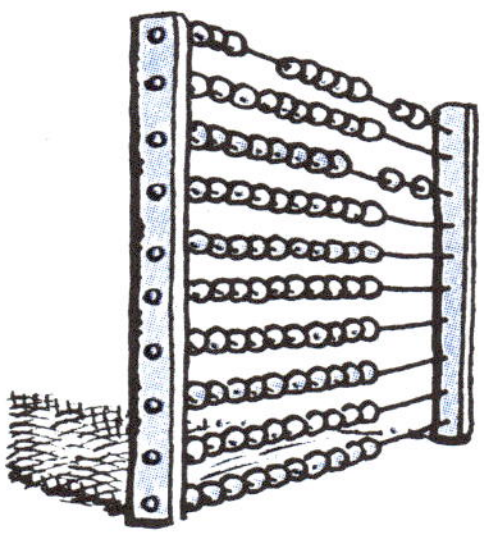

Ausgetrickst

Ein Händler hat den Preis einer Ware um 20 % heraufgesetzt. Da er diese Ware aber nicht verkaufen kann, hat er den neuen Preis wieder um 15 % gesenkt. Die Ware kostet nach dieser Preissenkung 2040 €. Wie hoch war der heraufgesetzte Preis und was kostete die Ware ursprünglich?

Tipp: Der letzte Preis entspricht 85 % des heraufgesetzten Preises; der heraufgesetzte Preis entspricht 120 % des ursprünglichen Preises.

9 Zeit – Fernsehen

Beispiel

David schaut durchschnittlich pro Tag zwei Sendungen im Fernsehen an. Eine Serie geht täglich von 17.00 Uhr bis 17.25, die zweite Sendung geht von 18.00 Uhr bis 18.30 Uhr. Wie viel Zeit verbringt David in einem Monat vor der Flimmerkiste (rechne mit 30 Tagen), wie viel Zeit in einem Jahr?

Gegeben:	1. Serie: 17.00 – 17.25 Uhr: Zeit: 25 min
	2. Serie: 18.00 – 18.30 Uhr: Zeit: 30 min
	Monat: 30 Tage
Gesucht:	Gesamtzeit in einem Monat und in einem Jahr.

Plan:

Berechne die Dauer der Sendungen pro Tag, dann pro Monat und Jahr. Achte auf die verschiedenen Umrechnungszahlen bei Minuten, Stunden, Tagen, Monaten und Jahren.

täglich: 25 min + 30 min = 55 min;
monatlich: 55 min · 30 = 1650 min = 27 h 30 min
jährlich: 1650 min · 12 = 19 800 min = 330 h = 13 Tg 18 h
(oder: 27 h 30 min · 12 = 324 h 360 min = 330 h)

David verbringt monatlich 27 Stunden 30 Minuten und jährlich 13 Tage 18 Stunden vor dem Fernsehapparat.

Übung 1

Dauernd Werbung!

Wie viel Werbungszeit muss David bei seiner täglichen Fernsehzeit (siehe linke Seite) monatlich und jährlich über sich ergehen lassen, wenn in der Serie 4 min 42 s und in der zweiten Sendung 4 min 38 s Werbung eingeschoben werden?

Übung 2

Videorecorder

Hansi Glotz möchte sich eine 12-teilige Krimiserie mit seinem Videorecorder aufnehmen. Er hat zwei Kassetten für jeweils 300 Minuten zur Verfügung. In Programmheft steht als Sendezeit 20.15 Uhr bis 21.10 Uhr.

a) Hansi rechnet die ganze Sendezeit für alle Folgen aus. Was muss er feststellen?

b) Er möchte nicht während einer Folge die Kassette wechseln. Wie viele ganze Folgen bringt er auf eine Kassette und wie viele Minuten bleiben ihm auf jeder Kassette ungenutzt übrig?

c) Hansi hat eine Idee: Da jede Folge von drei Werbeblöcken unterbrochen wird, stoppt er in dieser Zeit die Aufnahme. Die Werbeblöcke dauern 4 min 50 s, 3 min 20 s und 4 min 10 s. Reichen ihm jetzt die zwei Kassetten?

Übung 3

Spritztour

Harry Hurtig macht eine Spritztour mit seinem Fahrrad. Er startet um 8.10 Uhr. In 3 Stunden 30 Minuten legt eine Strecke von 63 km zurück.

Nach einer 40-minütigen Mittagspause macht er sich auf den Heimweg. Weil die Strecke leicht bergab geht, bräuchte er 30 Minuten weniger Fahrzeit. Leider zwingt ihn eine Reifenpanne zu einem Zwischenhalt von 25 Minuten. Wann ist Harry Hurtig wieder zu Hause?

10 Geschwindigkeit – Harry Hurtig auf Achse

Beispiel 1

Harry Hurtig hat bei einer Spritztour für die Strecke von 63 km auf dem Hinweg 3 h 30 min gebraucht. Wie viele Meter legt Harry auf dem Hinweg durchschnittlich in einer Minute zurück, wie viele Kilometer in einer Stunde?

Gegeben: Hinweg: 63 km, Fahrzeit: 3 h 30 min
Gesucht: Hinweg: Wie viele m pro min, km pro h?

Plan:
Wandle die Strecke in Meter und die Zeit in Minuten um!
Meter pro Minute: Teile die Strecke durch die Anzahl der Minuten;
Kilometer pro Stunde: Rechne Meter pro Stunde (1 h = 60 min), wandle das Ergebnis in Kilometer um!
3 h 30 min = 210 min und 63 km = 63 000 m
63 000 m : 210 = 300 m (in 1 Minute)
300 m · 60 = 18 000 m = 18 km
Harry legte in einer Minute 300 m, in einer Stunde 18 km zurück.

Info

$$\text{Geschwindigkeit} = \frac{\text{Länge der Strecke}}{\text{benötigte Zeit}} = \frac{\text{Strecke}}{\text{Zeit}} \quad \text{oder} \quad v = \frac{s}{t}$$

Beispiel 2

Herr Schnell legt mit seinem Pkw in 2 Stunden 180 km zurück.

a) Wie schnell ist er durchschnittlich in einer Stunde, in einer Minute und in einer Sekunde unterwegs?

$$v = \frac{180\text{ km}}{2\text{ h}} = 90\,\frac{\text{km}}{\text{h}} = 90\,\frac{1000\text{ m}}{60\text{ min}} = 1500\,\frac{\text{m}}{\text{min}} = 1500\,\frac{\text{m}}{60\text{ s}} = 25\,\frac{\text{m}}{\text{s}}$$

b) Wie weit kommt er in 3,6 Stunden?

Tipp:
Strecke = Geschwindigkeit · Zeit oder $s = v \cdot t$

$$90\,\frac{\text{km}}{\text{h}} \cdot 3{,}6\text{ h} = 324\text{ km}$$

c) Wie lange benötigt er für eine Strecke von 405 km?

Tipp:
Zeit = Strecke : Geschwindigkeit oder $t = s : v$

$$405\text{ km} : 90\,\frac{\text{km}}{\text{h}} = 4{,}5\text{ h}$$

Übung 1

Harrys Rückweg

Harry Hurtig hat für die gleiche Strecke auf dem Rückweg 3 h gebraucht. Um wie viel Meter in der Minute fährt er auf dem Rückweg schneller als auf dem Hinweg?

Übung 2

Socki gibt Gas

Der Rennfahrer Socki hat den großen Preis von Traumland in einer Zeit von 1 h 28 min gewonnen. Wie schnell war er auf der 308 km langen Strecke durchschnittlich unterwegs (wie viel Meter in einer Minute, wie viel Kilometer in einer Stunde)?

Übung 3

Autofahrt

Herr Renner braucht für die 221 Kilometer lange Strecke von A-Stadt nach B-Dorf 3,4 Stunden. Mit der gleichen Durchschnittsgeschwindigkeit geht die Fahrt weiter nach C-Hausen, welches nach 2,8 Stunden erreicht wird. Wie lang hätte er für die gesamte Strecke bei einer Durchschnittsgeschwindigkeit von 80 km/h gebraucht?

Übung 4

Schneckentempo

Schnecke Erna besucht ihre Freundin Eulalia. Auf ihrem Weg schafft sie 54 cm in 2 Minuten.

a) Wie viel Millimeter schafft sie pro Sekunde, wie viel Meter pro Minute?

b) Welche Strecke (in cm) hat sie zurückgelegt, wenn sie nach 35 min 24 s am Ziel ist?

11 Fläche – Pferdekoppel

Beispiel

Ein Bauer besitzt eine 205 m lange und 87 m breite rechteckige Wiese und einen Elektrozaun mit der Gesamtlänge von 528 m.

a) Wie lang ist das Rechteck, das er einzäunen kann, wenn er die ganze Wiesenbreite nutzen will?

b) Wie groß ist der Flächeninhalt *a* der restlichen, nicht eingezäunten Wiese?

c) Wie viele Meter Zaun muss der Bauer dazu kaufen, um die ganze Wiese einzäunen zu können?

Tipp:

Eine Skizze erleichtert dir bei vielen Aufgaben das Verständnis und führt dich zur richtigen Lösung.

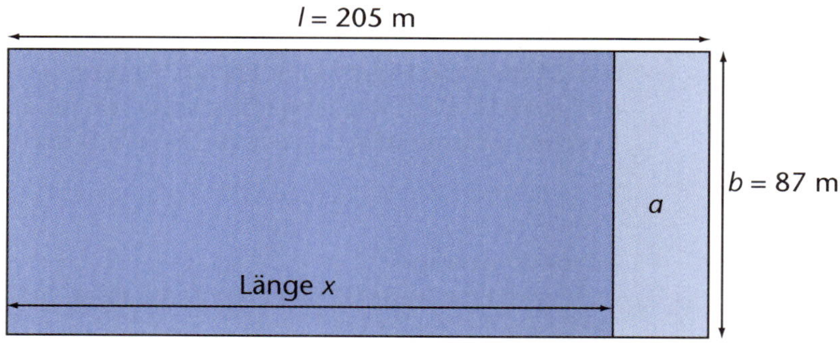

Zaunlänge = 528 m

Die Skizze enthält nur die für die Aufgabe wesentlichen Angaben.

Gesucht: a) Länge x
b) Flächeninhalt a
c) Länge des fehlenden Zaunes

a) **Plan:**

Die Länge x ergibt mit der Breite b die halben Länge des Zaunes.

$x + 87 = 528 : 2$; $x = 528\text{ m} : 2 - 87\text{ m} = 177\text{ m}$

Es kann ein Rechteck von 177 m Länge eingezäunt werden.

b) **Plan:**

Subtrahiere von der Gesamtfläche der Wiese die eingezäunte Fläche!

$(205\text{ m} - 177\text{ m}) \cdot 87\text{ m} = 2436\text{ m}^2$

Es bleibt eine Fläche von 2436 m^2 übrig.

c) **Plan:**

Berechne die fehlenden Stücke der Länge des Grundstücks!

$(205\text{ m} - 177\text{ m}) \cdot 2 = 28\text{ m} \cdot 2 = 56\text{ m}$

Der Bauer muss 56 m Zaun dazu kaufen.

Übung 1

Terrasse

Eine rechteckige Terrasse ist 8 m lang und 3 m 50 cm breit. Sie soll mit quadratischen Platten belegt werden. Die Kantenlänge einer Platte beträgt 50 cm. Wie viele Platten braucht man?

Übung 2*

Flächenvergleich

Ein Quadrat mit der Seitenlänge 120 dm ist so groß wie ein Rechteck mit der Breite 15 m. Wie lang ist das Rechteck? Stelle eine Gleichung auf!

Übung 3

Umgehungsstraße

Nach dem Bau der Umgehungsstraße sollen zwei Felder eines Bauern zu einem rechteckigen flächengleichen Feld zusammengelegt werden. Das erste Feld ist rechteckig mit den Seitenlängen 315 m und 35 m, das zweite Feld ist quadratisch mit einer Seitenlänge von 45 m. Wie breit muss das neue Feld werden, wenn es 145 m lang sein soll?

Übung 4

ICE-Trasse

Die Hochgeschwindigkeitsstrecke Hannover–Würzburg ist 327 km lang. Für die Trasse (= Bahnlinie mit den Böschungen) wurde ein Gelände von 1046 ha 40 a eingeplant. Wie groß ist die durchschnittliche Trassenbreite?

Übung 5

Reihenhaus

Auf einem Gelände von 40 a werden 7 Reihenhäuser errichtet. Für Straßen und Garagen werden 1080 m^2 benötigt. Die beiden Eckhäuser erhalten jeweils 480 m^2 Grund. Wie viel Grund entfällt auf jedes der untereinander gleichen Mittelhäuser?

Übung 6*

Start zur Badesaison

Fritz Flosse will sein Schwimmbecken für die Badesaison herrichten. Es ist 6 m lang, 5,5 m breit und 2,5 m tief und soll innen mit einer wasserfesten Farbe gestrichen werden. Wie groß ist die Fläche, die gestrichen werden muss?

12 Volumen – Eiszeit in Europa

Beispiel

Die „Informationszentrale Eiscreme" meldet für das Jahr 1995 folgenden Speiseeis-Verbrauch pro Kopf (d. h. auf alle Bewohner des jeweiligen Landes berechnet):

Dänemark	10 l 300 ml
Deutschland	8 l 200 ml
Griechenland	4 l 500 ml
Irland	10 l 700 ml
Italien	9 l 100 ml
Frankreich	6 l 900 ml
Niederlande	8 l 300 ml
Portugal	3 l 900 ml
Österreich	7 l 100 ml
Schweden	13 l

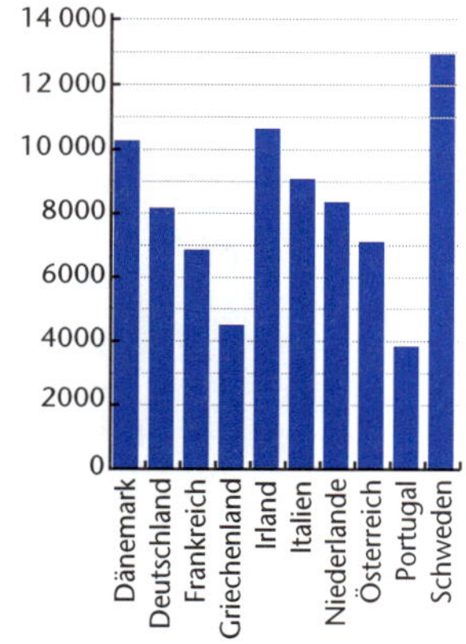

a) Zeichne in dein Heft ein Balkendiagramm (1 l entspricht 1 cm).
b) Wie groß ist der durchschnittliche Pro-Kopf-Verbrauch für alle angegebenen Länder?

b) **Gegeben:** Anzahl der Länder: 10
Pro-Kopf-Verbrauch siehe Tabelle
Gesucht: durchschnittlicher Pro-Kopf–Verbrauch

Plan:
Teile die Summe aller Verbrauchswerte durch die Anzahl der Länder.
(10 l 300 ml + 8 l 200 ml + 4 l 500 ml + 10 l 700 ml + 9 l 100 ml + 6 l 900 ml + 8 l 300 ml + 3 l 900 ml + 7 l 100 ml + 13 l) : 10
= 78 l 4000 ml : 10
= 82 000 ml : 10
= 8200 ml
= 8 l 200 ml
Der durchschnittliche Pro-Kopf -Verbrauch beträgt 8 l 200 ml.

Übung 1

Eisturm
Verwende die Angaben des Beispiels.
a) Wie viele Eispackungen zu je 500 ml verbraucht eine deutsche Stadt mit 20 000 Einwohnern durchschnittlich pro Jahr?

b) Wie hoch wäre der Eisturm, wenn man alle 5 cm hohen Eispackungen aufeinander stapeln würde?

Übung 2

Im Weinkeller

Winzermeister Werner Fassbund füllt Wein aus einem 12-hl-Fass in Weinflaschen ab. Er hat 820 Flaschen zu je 700 ml und 378 Ein-Liter-Flaschen zu Verfügung. Außerdem werden 11 Fässchen zu je 20 Liter gefüllt.

a) Wie viele Liter Wein bleiben in dem großen Fass noch übrig? (Gesamtansatz)

b) Wie viele 700-ml-Flaschen muss Herr Fassbund noch besorgen, damit das große Fass vollständig geleert ist?

Übung 3

Durst löschen

Frau Sorge hat gelesen, dass Kinder im Alter von 11 Jahren pro Tag durchschnittlich zwischen 900 ml und 1 l Flüssigkeit zu sich nehmen sollen. Sie beschließt, dies bei ihrer Tochter Kathrin zu überprüfen, und notiert eine Woche lang deren Getränkeverbrauch. Zusätzlich zu dem täglichen halben Liter (= 500 ml) Milch hat sie nach 7 Tagen für Wasser und Säfte folgende Zahlen notiert: 350 ml, 575 ml, 375 ml, 1 l 50 ml (ein heißer Tag), 375 ml, 280 ml und 250 ml.

a) Kann Frau Sorge zufrieden sein?

b) Wie viel Flüssigkeit würde Kathrin bei einem Tagesverbrauch von 900 ml in einem Monat (30 Tage), in einem Jahr trinken?

c) Wie viele Kisten zu je 12 Flaschen mit je 750 ml Inhalt ergibt das in einem Jahr? Verwende das Ergebnis von b).

Übung 4*

Wasserbecken

Ein Wasserbecken ist 4,5 m lang und 2,4 m breit. Wie viel Hektoliter enthält es, wenn das Wasser 1,5 m hoch steht?

13 Kleinstes gemeinsames Vielfaches (kgV) – Trainingsrunden

Beispiel

Die drei Sportler Flink, Schnell und Sprinter laufen nebeneinander. Dabei beträgt die Schrittlänge von Flink 1 m 30 cm, die von Schnell 1 m 20 cm und die von Sprinter 90 cm. Den Lauf haben alle drei mit dem gleichen Bein begonnen.

a) Nach welcher Strecke kommen alle jeweils gleichzeitig mit dem gleichen Bein auf?

b) Wie viele Schritte muss jeder bis dahin machen?

Gegeben: Flink: 1 m 30 cm,
Schnell: 1 m 20 cm,
Sprinter: 90 cm

Gesucht: a) zurückgelegte Strecke
b) Anzahl der Schritte

Plan:

a) Suche die kleinste Strecke, in der alle Strecken enthalten sind; also das kgV! Achte auf gleiche Benennungen! Wende die Primfaktorzerlegung an!

Info

Das kgV ist das Produkt aller vorkommenden Primzahlen. Die einzelnen Primfaktoren müssen aus der Zerlegung genommen werden, in der sie am häufigsten vorkommen.

Primfaktorzerlegung:

$130 = 2 \cdot 5 \cdot 13$

$120 = 2 \cdot 2 \cdot 2 \cdot 3 \cdot 5$

$90 = 2 \cdot 3 \cdot 3 \cdot 5$

$\text{kgV}(130, 120, 90) = 2 \cdot 2 \cdot 2 \cdot 3 \cdot 3 \cdot 5 \cdot 13 = 4680$ (cm)

Nach 46 m 80 cm kommen alle gleichzeitig mit dem gleichen Bein auf.

b) Berechne, wie oft die einzelnen Schrittlängen in dieser kleinsten Strecke enthalten sind.

Tipp: Streiche die Primfaktoren der Zahl 130 aus den Primfaktoren des kgV, so ergibt das Produkt der restlichen Primfaktoren die Zahl 36! Versuche es selbst!

4680 cm : 130 cm = 36

4680 cm : 120 cm = 39

4680 cm : 90 cm = 52

Flink muss 36, Schnell 39 und Sprinter 52 Schritte machen.

Übung 1

Holzklötzchen-Turmbauspiel

Susi, Berti und Maxi bauen Türmchen aus quaderförmigen Holzklötzchen. Je zwei gegenüberliegende Seitenflächen der Klötzchen sind gelb, grün und rot. Susi stellt ihre Klötzchen auf die gelbe Seite, sie sind dann 42 mm hoch. Berti stellt die Klötzchen auf die grüne Seite, sie sind dann 30 mm hoch. Maxi stellt sie auf die rote Seite, sie sind dann 36 mm hoch. Die drei vergleichen immer die Höhen und hören mit dem Turmbau auf, sobald alle drei Türme gleich hoch geworden sind.

a) Welche Höhe erreichen sie?

b) Wie viele Klötzchen braucht jeder der drei?

Übung 2

Modelleisenbahn

Benny läßt die drei Lokomotiven Schnauf, Zisch und Knatter seiner Modelleisenbahn gleichzeitig vom Bahnhof losfahren. Sie fahren auf verschiedenen Strecken. Schnauf kommt jeweils nach 25 Sekunden, Zisch nach 30 Sekunden und Knatter nach 40 Sekunden wieder am Bahnhof vorbei.

a) Nach welcher Zeit kommen sie wieder gemeinsam an?

b) Wie viele Runden hat jede Lokomotive bis dahin geschafft?

14 kgV und ggT – Holz sägen

Beispiel

Herr Säger hat eine Lieferung mit drei verschieden langen Holzstämmen erhalten. Sie besteht aus 5 kurzen, 7 mittleren und 3 langen Stämmen. Er möchte diese in möglichst große gleich lange Stücke sägen, damit sie anschließend passend gestapelt werden können. Er kann an seiner Sägemaschine die gewünschte Länge einstellen.

a) Welche Länge muss er wählen, wenn die Stämme 36 dm, 63 dm und 45 dm lang sind?

b) Aus wie vielen Stücken besteht sein Holzstapel?

Gegeben: Länge der Stämme: 36 dm, 45 dm, 63 dm
Gesucht: a) Länge der gleichen Stücke
b) Gesamtzahl der gleichen Stücke

a) **Plan:**
Die Holzstämme müssen zersägt werden; also ggT aller Längen.

Info

Der ggT ist das Produkt der Primzahlen, die in allen Primfaktorzerlegungen gleichzeitig vorkommen.

Primfaktorzerlegung:
$36 = 2 \cdot 2 \cdot 3 \cdot 3$
$45 = 3 \cdot 3 \cdot 5$
$63 = 3 \cdot 3 \cdot 7$
ggt (36, 45, 36) = 9 (dm)
Die Stücke sind 9 dm lang.

b) **Plan:**
Berechne die Stücke pro Stamm, dann für alle Stämme!

36 dm : 9 dm = 4;	5 Stämme: $4 \cdot 5 = 20$ Stücke
45 dm : 9 dm = 5;	7 Stämme: $5 \cdot 7 = 35$ Stücke
63 dm : 9 dm = 7;	3 Stämme: $7 \cdot 3 = 21$ Stücke
	insgesamt: 76 Stücke

Der Holzstapel besteht aus 76 gleichen Stücken.

Übung 1

Platten verlegen
Herr Flieser möchte den Boden eines rechteckigen Raumes, der 6 m 6 dm lang und 4 m 2 dm breit ist, mit möglichst großen quadratischen Platten auslegen. Wie viele Platten braucht er?

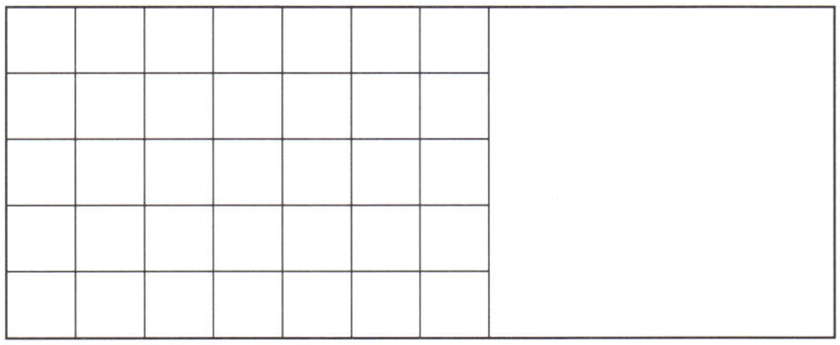

Tipp:
Die Länge einer Platte muss in die Länge und in die Breite des Raumes ohne Rest passen! Aus der Anzahl der Platten in der Länge und der in der Breite erhältst du die Gesamtzahl!

Übung 2

Pfosten aufstellen
Herr Gärtner möchte sein rechteckiges Grundstück einzäunen. Die Länge beträgt 66 m, die Breite 42 m, und auf einer Breitseite fallen 6 m für ein großes Tor weg. Die für den Zaun benötigten Pfosten möchte er auf allen Seiten im gleichen Abstand setzen. Da ihm der größtmögliche Abstand zu groß ist, halbiert er diesen.
Welchen Abstand für die Pfosten nimmt er dann?

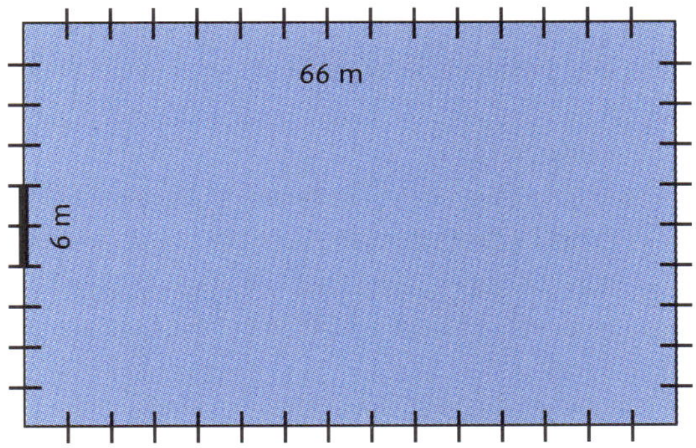

15 Direkte und indirekte Proportionalität

Beispiel 1

Lottogewinn

Max und Tina haben im Lotto zusammen 12 000 € gewonnen. Der Gewinn wird entsprechend den Einsätzen aufgeteilt. Max hatte 4,50 € und Tina 7,50 € eingesetzt. Wie viel Gewinn erhält jeder?

Tipp:

Je größer der Einsatz, desto größer der Gewinnanteil: also **direkte Proportionalität**! Der Gesamtgewinn entspricht dem Gesamteinsatz von 4,50 € + 7,50 € = 12 €.

12 € bringen 12 000 € Gewinn
1 € bringt 12 000 € : 12 = 1000 € Gewinn
4,50 € bringen 4,50 € · 1000 = 4500 € Gewinn
7,50 € bringen 7,50 € · 1000 = 7500 € Gewinn
(oder 12 000 € – 4500 €)

Beispiel 2

Hausbau

Die Arbeiten an einem Neubau können bei täglicher Arbeitszeit von 9 Stunden von 6 Arbeitern in 32 Tagen ausgeführt werden. Nach 8 Tagen werden noch 2 Arbeiter eingestellt und gleichzeitig die tägliche Arbeitszeit auf 8 Stunden herabgesetzt. In wie vielen Tagen ist die Arbeit fertig?

Tipp:

Mehr Arbeiter brauchen weniger Zeit: also **indirekte Proportionalität**! Bei weniger Arbeitszeit pro Tag dauert die Arbeit länger: also **indirekte Proportionalität**! 8 Tage werden normal gearbeitet. Es geht also um die restlichen 32 Tage!

6 Arbeiter brauchen bei täglich 9 Stunden 32 Tage
1 Arbeiter braucht bei täglich 1 Stunde 32 · 6 · 9 = 1728 Tage
8 Arbeiter brauchen bei täglich 8 Stunden = 27 Tage
Die Arbeit wird damit nach 8 + 27 = 35 Tagen beendet.

Beispiel 3

Lieferfrist

8 Arbeiter montieren in 5 Tagen 200 Werkstücke, z. B. Motoren. Eine Lieferung von 500 Werkstücken wird bestellt. Der Kunde möchte die Ware in 10 Tagen bekommen. Ist diese Frist einzuhalten, wenn noch 3 Arbeiter hinzukommen?

Tipp:

Mehr Arbeiter brauchen weniger Tage: also **indirekte Proportionalität**! Mehr Arbeiter schaffen mehr Werkstücke: also **direkte Proportionalität**!

8 Arbeiter montieren 200 Werkstücke in 5 Tagen
1 Arbeiter montiert 200 Werkstücke in 5 · 8 = 40 Tagen
1 Arbeiter montiert 1 Werkstücke in $\frac{40}{200}$ Tagen
11 Arbeiter montieren 500 Werkstücke in $\frac{40 \cdot 500}{200 \cdot 11} = 9\frac{1}{11}$ Tagen.
Die Frist kann eingehalten werden.

Übung 1

Schnelle Lieferung

12 Arbeiter montieren 200 Schaltschränke in 6 Tagen. Ein Kunde bestellt eine Lieferung von 500 Schaltschränken, möchte diese aber schon nach 9 Tagen geliefert haben. Wie viele Arbeiter müssen zusätzlich an diesem Auftrag mitarbeiten, wenn die Frist eingehalten werden soll?

Tipp:

Berechne zuerst die Anzahl der benötigten Arbeiter! Formuliere so, dass die gesuchten Arbeiter am Ende des Satzes stehen. Also:
200 Schaltschränken werden in 6 Tagen von 12 Arbeitern montiert. Setzte nun entsprechend fort!

Übung 2

Bauplatzkosten

Ein Bauplatz von 35 m Länge und 25 m Breite kostet 70 000 €. Was kostet ein Bauplatz gleicher Breite, der aber 7,5 m länger ist?

Tipp:

Die Fläche ist zum Preis direkt proportional! Oder: Die Länge ist zum Preis direkt proportional, da die Breite gleich ist!

Übung 3

Gerecht verteilt

Herr Dreher kauft eine Maschine für 3500 €, sein Nachbar, Herr Schreiner, kauft bei der gleichen Firma eine Maschine für 4750 €. Beide Maschinen werden gemeinsam geliefert. Die Transportkosten von 165 € werden je nach Kaufpreis der Maschinen aufgeteilt.

Tipp:

Vergleiche Beispiel 1! Die Transportkosten entsprechen dem Gesamtpreis der Lieferung.

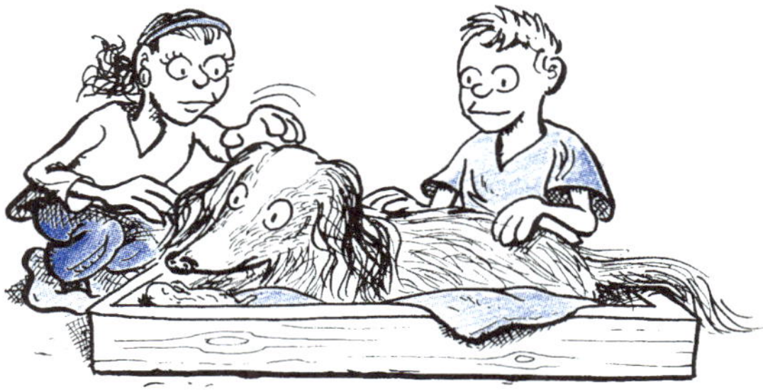

16 Zahlenterme

Addiere, subtrahiere, multipliziere und **dividiere** sind Rechenbefehle (vgl. S. 12). Summe, Differenz, Produkt und Quotient heißen die dazugehörigen Rechenausdrücke. Sie werden auch Terme genannt.

Beachte: Setze die durch die Begriffe Summe, Differenz, Produkt und Quotient beschriebenen Rechenausdrücke stets in Klammern, wenn diese nicht durch die Regel „Punkt vor Strich" überflüssig sind. Im Zweifelsfall ist es besser, eine unnötige Klammer zu viel als eine notwendige Klammer zu wenig zu haben.

Achte auf die Reihenfolge der einzelnen Rechenausdrücke:

- Wir addieren ... **zu**
- Wir subtrahieren ... **von**
- Wir multiplizieren ... **mit**
- Wir dividieren ... **durch**

Beispiel 1

Addiere zur Differenz der Zahlen 93 und 14 die Summe der Zahlen 78 und 32. Löse mit einem Gesamtterm.
Beachte: Bei einem Gesamtterm (oder Gesamtansatz) wird die ganze Aufgabe in **einen** Rechenausdruck übersetzt. Nicht einzelne Teile vorher ausrechnen!
„**Addiere zur Differenz ...**" heißt, die Differenz steht an erster Stelle.

In Worten:	Differenz	+	Summe	=
Mit Zahlen (achte auf Klammern!):	(93 – 14)	+	(78 + 32)	=
Klammern zuerst rechnen!	79	+	110	= 189

Beispiel 2

Subtrahiere vom Produkt der Zahlen 7 und 14 den Quotienten der Zahlen 72 und 12. Löse mit einem Gesamtterm.
Beachte: „**Subtrahiere vom Produkt ...**" heißt: Das Produkt steht an erster Stelle. Wegen „Punkt vor Strich" kannst du hier die Klammern weglassen.

In Worten:	Produkt	–	Quotient	=
Mit Zahlen (achte auf Klammern!):	7 · 14	–	72 : 12	=
Punkt vor Strich beachten!	98	–	6	= 92

Beispiel 3

Multipliziere die Differenz der Zahlen 37 und 14 mit dem Quotienten der Zahlen 84 und 12. Löse mit einem Gesamtterm.
Beachte: „**Multipliziere die Differenz ... mit dem Quotienten ...**" heißt: Die Differenz steht an erster Stelle. Wegen „mal" und „geteilt" steht auch der Quotient in Klammern.

In Worten:	Differenz	·	Quotient	=
Mit Zahlen (achte auf Klammern!):	(37 – 14)	·	(84 : 12)	=
Klammern zuerst!	23	·	7	= 161

Beispiel 4

Dividiere die Summe der Zahlen 136 und 14 durch das Produkt der Zahlen 5 und 15. Löse mit einem Gesamtterm.
Beachte: **„Dividiere die Summe … durch das Produkt …"** heißt: Die Summe steht an erster Stelle. Wegen „geteilt" und „mal" steht auch das Produkt in Klammern.

In Worten:	Summe : Produkt =	
Mit Zahlen (achte auf Klammern!)	$(136 + 14) : (5 \cdot 15)$ =	
Klammern zuerst!	150 : 75	= 2

Übung 1

a) Dividiere die Differenz der Zahlen 85 und 15 durch die Summe der Zahlen 17 und 18.

b) Subtrahiere die Summe der Zahlen 34 und 47 von der Differenz der Zahlen 126 und 39.

c) Addiere zum Produkt aus 9 und 8 den Quotienten der Zahlen 84 und 4.

Übung 2

a) Addiere die Summe der Zahlen 12479, 8609 und 6574 zur Summe aus 5898 und der kleinsten vierziffrigen Zahl.

b)*Addiere zum Produkt der Zahlen 12 und –8 die Zahl 109.

c)* Subtrahiere von der Summe der Zahlen –23 und –45 die Differenz der Zahlen 22 und –16.

Übung 3*

a) Multipliziere die Differenz der Zahlen 55 und 43 mit der Summe der Zahlen –12 und –13.

b) Dividiere die Summe der Zahlen –12 und –18 durch die Differenz der Zahlen 38 und 32.

c) Subtrahiere von der Differenz der Zahlen 5,68 und 3,04 die Summe der Zahlen 0,58 und 0,6.

17 Noch mehr Terme

Beispiel

Addiere zur Differenz der Zahlen 98 und 79 das Produkt der Zahlen 11 und 13 und subtrahiere vom Ergebnis die Summe aus der Zahl 15 und dem Quotienten der Zahlen 84 und 4.
Hinweis: Löse die Aufgabe in mehreren Stufen. Suche die Rechenbefehle! Hier heißen sie **addiere** (+) und **subtrahiere** (–).
Beachte: „... vom Ergebnis ...“ meint das Ergebnis der Addition. Du brauchst also ein Klammerpaar, damit die Addition zuerst ausgeführt wird.

(_______ + _______) – ________________________ =

Suche die Terme und ordne sie den Rechenbefehlen zu!
Beachte die Reihenfolge von Differenz und Produkt!
Zu der Differenz wird das Produkt addiert.

(Differenz + Produkt) – Summe aus Zahl und Quotient =
In dem Wort „Summe“ steckt noch ein Rechenbefehl (+)!

Achte auf die Klammern!
(Differenz + Produkt) – (Zahl + Quotient) =
$[(98 - 79) + (11 \cdot 13)] - [15 + (84 : 4)] =$

Wegen der Regel „Punkt vor Strich“ kannst du einfacher schreiben:
$[(98 - 79) + 11 \cdot 13] - (15 + 84 : 4) =$

Berechnung:
$(19 + 143) - (15 + 21) = 162 - 36 = 126$

Löse die Aufgaben immer mit einem Gesamtterm (Gesamtansatz)!

Übung 1

Subtrahiere von der Summe aus dem Produkt der Zahlen 12 und 11 und dem Produkt der Zahlen 8 und 13 den Quotienten der Zahlen 144 und 16.

Übung 2

Multipliziere die Differenz der Zahlen 79 und 24 mit der Summe der Zahlen 33 und 17 und addiere zum Ergebnis die Zahl 100.

Übung 3

Ein Vorortzug hat 4 Waggons. Im ersten sitzen 37 Personen, im zweiten sind 19 weniger als im ersten, im dritten zweimal so viel wie im ersten und im vierten 15 mehr als im dritten. Wie viele Fahrgäste befördert der Zug?

Übung 4*

Addiere zur Summe der Zahlen –31 und –32 das Produkt der Zahlen –15 und 12 und multipliziere das Ergebnis mit –5.

Übung 5*

Subtrahiere vom Produkt der Zahlen –12 und –9 den Quotienten der Zahlen –48 und –6 und addiere zum Ergebnis die Differenz der Zahlen –9 und –35.

Übung 6*

Subtrahiere von dem Quotienten aus der Differenz der Zahlen $2\frac{12}{130}$ und $\frac{3}{13}$ und der Zahl 11 den Quotienten aus der Differenz der Zahlen $1\frac{1}{13}$ und $\frac{24}{65}$ und der Zahl 23 und addiere zum Ergebnis das Produkt der Zahlen $\frac{2}{5}$ und $\frac{6}{13}$.

Übung 7*

Dividiere die Summe aus dem Produkt der Zahlen 35,5 und 1,2 und dem Quotienten der Zahlen 48,6 und 0,6 durch die Zahl 0,5 und subtrahiere vom Ergebnis die Differenz aus dem Produkt der Zahlen 723,5 und 0,1 und dem Quotienten der Zahlen 0,056 und 0,001.

Übung 8*

Multipliziere die Summe der Zahlen 8,4 und –9,2 mit der Summe der Zahlen –2,1 und –3,9.

Übung 9*

Addiere zur Differenz der Zahlen –8,6 und 9,4 die Differenz der Zahlen –9,6 und –11,4 und multipliziere das Ergebnis mit der Summe der Zahlen –0,9 und –2,1.

18 Sport – Spiel – Freizeit I

Beispiel

Grillen (Gewicht, Zeit)
Herr Thüringer feiert gerne Gartenpartys und hat sich ein Gasgrillgerät gekauft, das 380 g Gas pro Stunde verbraucht. Beim Gashändler besorgt er sich eine Gasflasche, die gefüllt 25 kg 400 g wiegt. Der Händler erklärt, dass die Flasche leer ist, wenn sie ein Gewicht von 14 kg erreicht hat. Die Flasche kostet 46,65 €, einschließlich 30 € Pfand. Wie viele Grillfeste kann Herr Thüringer mit dem Gas bestreiten, wenn er für jedes Fest den Grill 2 Stunden in Betrieb hat?

Gegeben: Gasverbrauch pro Stunde: 380 g
Dauer eines Festes: 2 h
Gasflasche voll: 25 kg 400 g
Gasflasche leer: 14 kg
Gesucht: Zahl der Grillfeste

Plan:
Die Zahl der Feste ist die Hälfte der Betriebsstunden. Die Stunden ergeben sich aus der gesamten Gasmenge geteilt durch die Gasmenge für eine Stunde. Die ganze Gasmenge ist der Unterschied zwischen Voll- und Leergewicht der Gasflasche.

Gasmenge: 25 kg 400 g – 14 kg = 11 kg 400 g = 11 400 g
Stunden: 11 400 g : 380 g = 30;
Feste: 30 : 2 = 15
Möglicher Gesamtansatz: [(25 kg 400 g – 14 kg) : 380 g] : 2 = 15
Herr Thüringer kann 15 Grillfeste feiern.

Übung 1

Grillkosten (Geld)
Wie teuer kommt Herrn Thüringer der Betrieb des Gasgrills für ein Grillfest? Verwende die Informationen von oben.

Übung 2

Lotto (Geld, Zeit)
Zeitungsnotiz: „Eine Tippgemeinschaft aus Hessen hat den Lotto-Jackpot geknackt und 9,88 Millionen Euro gewonnen. Die vier Arbeitskollegen spielen seit 18 Jahren Lotto."
a) Wie viel erhält jeder, wenn der Gewinn gleichmäßig verteilt wird?
b) Wie viel hat jeder in dieser Zeit ausgegeben, wenn der wöchentliche Gesamteinsatz 20 € betrug? Rechne das Jahr mit 52 Wochen.

Übung 3*

Geburtstagsparty (Verteilung)

Zu einer Geburtstagsparty sind 5 Kinder eingeladen. Am Ende der Party darf sich jedes Kind 3 verschiedene Geschenke aus einem Korb aussuchen. Darin befinden sich je 5 Luftballons, Bleistifte, Stempel und Hüpfbälle. Tanja will keinen Luftballon, sie nimmt Bleistift, Stempel und Hüpfball (kurz BSH).

a) Wie viele Wahlmöglichkeiten hatte Tanja? Gib alle Kombinationen in Kurzschreibweise an.

b) Um die Auswahl zu vergrößern, legt Mutter noch 5 Murmeln, (kurz M) in den Korb. Wie viele mögliche Kombinationen gibt es jetzt?

Übung 4*

Jokerspiel (Häufigkeit)

Angelika mischt einen Joker mit zwei anderen Spielkarten, und lässt Jörg eine beliebige Karte aussuchen. „Du gewinnst, wenn du den Joker ziehst!" Nach 60 Spielen hat Jörg 23-mal gewonnen.

a) Berechne die relative Häufigkeit für das Ziehen des Jokers (runde auf 2 Dezimalstellen). Wie häufig würde er bei 60 000 Versuchen gewinnen? Begründe!

b) Wie häufig würde er bei 60 000 Versuchen eine andere Karte und nicht den Joker ziehen? Gib auch die relative Häufigkeit an.

Übung 5*

Jokerspiel mit Hilfe (Häufigkeit)

Jörg will das Spiel ändern. Er legt die gezogene Karte ungesehen auf den Tisch. Angelika muss ihm eine der beiden übrigen Karten zeigen, jedoch nicht den Joker, und aufgedeckt auf den Tisch legen.

a) Wie groß ist die Chance, dass die von Jörg abgelegte Karte der Joker ist?

b) Jörg darf sich nach der Hilfestellung noch einmal entscheiden, ob er seine abgelegte Karte nimmt, oder diejenige Karte, die Angelika noch in der Hand hat. Er wählt die Karte von Angelika. Wie groß ist jetzt die Chance, dass er dabei nicht den Joker zieht?

Tipp: Überlege, wo sich in diesem Fall der Joker befindet.

c) Wie häufig würde Jörg bei 60 000 Spielen den Joker ziehen, wenn er sich immer wie im Fall b) entscheidet?

Tipp: Spiele das Spiel mit einem Partner oder einer Partnerin.

19 Sport – Spiel – Freizeit II

Beispiel

Schwimmbad (Zeit, Volumen)

Christiane hat mit ihren Eltern ein rundes Schwimmbecken aufgestellt, das 150 hl Wasser fasst. Sie lässt mit einem Schlauch Wasser zulaufen. Vorher hat sie zum Test einen 10-Liter-Eimer gefüllt und mit der Stoppuhr 15 Sekunden gemessen.

a) Wie lange dauert es mit diesem Schlauch, bis das Becken voll ist?

b) Nach drei Stunden schließt Christiane einen zweiten Schlauch an, der in einer Minute 25 Liter liefert. Wie viel Stunden und Minuten schneller ist das Becken gefüllt?

Gegeben:	Füllmenge: 150 hl
	Füllzeit pro 10-l-Eimer: 15 s
	2. Zuleitung: 25 l pro min
Gesucht:	a) Fülldauer
	b) Zeitgewinn

Plan:

a) Berechne die Füllmenge für eine Minute. Berechne dann, wie oft diese Menge in der ganzen Füllmenge enthalten ist.

1 min : 15 s = 60 s : 15 s = 4
10 l · 4 = 40 l (Füllmenge pro min)
150 hl : 40 l = 15 000 l : 40 l = 375 (entspricht Minuten)
375 min : 60 = 6 Rest 15 min
Das Becken ist in 6 h 15 min voll. Das geht zu langsam.

Plan:

b) Berechne, welche Menge in 3 Stunden (= 180 min) zuläuft, dann die Restmenge. Berechne dann, wie oft die jetzt in einer Minute zufließende Menge in der Restmenge enthalten ist. Berechne nun den Unterschied zwischen der restlichen Zeit und der noch benötigten Zeit.

Zufluss: 40 l · 180 = 7200 l
Rest: 15 000 l – 7200 l = 7800 l
Zufluss pro min: 40 l + 25 l = 65 l
Dauer: 7800 l : 65 l = 120, entspricht 120 min = 2 h
Restzeit (aus a): 6 h 15 min – 3 h = 3 h 15 min
Zeitersparnis: 3 h 15 min – 2 h = 1 h 15 min
Der Zeitgewinn ist 1 h 15 min.

Übung 1

Rund ums Schwimmbecken (Länge, Geld, Volumen)
Verwende die Angaben der linken Seite.
a) Was kostet die Füllung, wenn 10 hl Wasser 2 € 15 Ct kosten?

b) Eine Umwälzpumpe soll in 5 Stunden den ganzen Beckeninhalt durch einen Filter pumpen. Wie viel Liter muss sie in einer Minute schaffen?

c) Wenn die Pumpe in Betrieb ist, kann man am Rand des Beckens eine Strömung feststellen. Ein kleines Schiffchen braucht für eine Umrundung 11 min 40 s. Für einen Meter hat Christian 50 Sekunden gestoppt. Welchen Umfang hat das Schwimmbecken (= Strecke für eine Runde)?

Übung 2

Karussell (Zeit, Geld, Prozent)
Im Freibad ist für die Kinder ein Karussell aufgestellt. Einzelfahrkarten kosten 1,50 €, Karten für 3 Fahrten sind für 4 € erhältlich. Marina fährt für 8 € ohne auszusteigen. Eine Fahrt dauert 170 Sekunden. Zwischen den Fahrten hält das Karussell immer 3 Minuten.
a) Wie lange dauert der Spaß auf dem Karussell für Marina?

b) Wie viel hat Marina gespart, weil sie Mehrfahrtenkarten genommen hat?

c)* Gib die Ersparnis auch in Prozenten an. Runde auf ganze Prozent.

20 Handel und Gewerbe I

Beispiel

Autokauf (Geld, Zeit)
Frau Neumann kauft sich einen Kleinwagen zum Grundpreis von 10 475 €. Als Sonderausstattung wählt sie ein Radio für 275 € und ein Schiebedach für 550 €. Frau Neumann erhält für ihren Altwagen 4500 € und kann 1800 € bar bezahlen. Den Rest möchte sie innerhalb von drei Jahren in Raten bezahlen. Der Händler errechnet eine Monatsrate von 165 €.

a) Um welchen Betrag wird der Autokauf durch die Ratenzahlung teurer?

b) Wie hoch ist die Monatsrate, wenn Frau Neumann auf das Schiebedach verzichtet und der Händler für die Ratenzahlung 770 € Aufpreis berechnet? (Gesamtansatz)

Gegeben: a) Kosten:
Grundpreis 10 475 €
Radio 275 €
Schiebedach 550 €
Bezahlung:
Altwagen 4500 €
Bar 1800 €
Raten 165 € (3 Jahre = 36 Monate)
b) Mehrkosten für die Raten: 770 €

Gesucht: a) Mehrkosten wegen Ratenzahlung
b) Monatsrate

a) **Plan:**
Berechne den Unterschied zwischen Kosten und Bezahlung.
Kosten: 10 475 € + 275 € + 550 € = 11 300 €
Raten: 165 € · 36 = 5940 €
Bezahlung: 4500 € + 1800 € + 5940 € = 12 240 €
Unterschied: 12 240 € – 11 300 € = 940 €
Als Gesamtansatz: Bezahlung – Kosten = Mehrkosten
(4500 € + 1800 € + 165 € · 36) – (10 475 € + 275 € + 550 €) = 940 €
Der Autokauf wird um 940 € teurer.

b) **Plan:**
Die Differenz zwischen Kosten und Bezahlung wird auf 36 Monate aufgeteilt.
Gesamtansatz: (Kosten – Bezahlung) : 36 =
[(10 475 € + 275 €) – (4500 € + 1800 €) + 770 €] : 36 =
(10 750 € – 6300 € + 770 €) : 36 =
5220 € : 36 = 145 €
Die monatliche Rate beträgt 145 €.

Übung 1

Autoreparatur (Geld, Zeit)
Herr Schrott hatte einen Autounfall. Für die Reparatur wurden 11 Stunden benötigt. Auf der Rechnung stand ein Gesamtbetrag von 2944 €. Darin enthalten waren 384 € Steuern und 1680 € Materialkosten. Der Rest entfiel auf Arbeitskosten.
Wie teuer war eine Arbeitsstunde?

Tipp:
Der Rest muss auf 11 Stunden verteilt werden. Vergiss die Klammern nicht!

Übung 2

Gewinn (Geld)
Ein Händler kaufte Ware für 3460 € ein und verkaufte sie für 5895 €. Es fielen Geschäftskosten in Höhe von 490 € an. Wie hoch war der Gewinn?

Übung 3*

Werbeaktion (Geld, Prozent)
Chefeinkäuferin Frau Klug hat für das Kaufhaus Schlaraffia 45 Jeans-Jacken zum Einkaufspreis von je 45 € bestellt. Sie werden für 80 € pro Jacke angeboten. Nach 4 Wochen sind erst 15 Jacken verkauft. Deshalb startet Frau Klug eine befristete Werbeaktion, bei der die restlichen Jacken mit einem Nachlass von 20 % angeboten werden. Daraufhin werden alle Jacken innerhalb einer Woche verkauft.

a) Zu welchem Preis wird eine Jacke bei der Werbeaktion angeboten?

b) Welcher Gewinn wurde in den ersten vier Wochen erzielt, wenn für diesen Zeitraum mit festen Kosten (Miete, Lohnkosten usw.) von 180 € gerechnet wird?

c) Wie hoch ist der Gewinn in der Werbewoche? Beachte, dass sich die festen Kosten anteilig verringern (1 Woche und 4 Wochen).

d) Wie hoch wäre der Gesamtgewinn gewesen, wenn man alle Jacken in 16 Wochen zum normalen Preis verkauft hätte?

Tipp:
Beachte die festen Kosten pro Woche.

21 Handel und Gewerbe II

Beispiel

Preissturz beim Computer (Geld)

Ein Händler kauft 15 Computer zum Stückpreis von 650 €. Seine Geschäftskosten setzt er mit insgesamt 1050 € an.

a) Wie teuer ist ein Computer im Verkauf, wenn der Händler insgesamt 3000 € Gewinn erzielen möchte?

b) Sieben Geräte kann er zu dem vorher berechneten Preis verkaufen. Wegen eines beginnenden Preisverfalls auf dem Markt muss er die restlichen Geräte billiger abgeben. Bis zu welchem Preis kann er heruntergehen, ohne dass er insgesamt Verlust hat?

a) **Gegeben:** 15 Computer zu je 650 €
Geschäftskosten: 1050 €
geplanter Gewinn: 3000 €
Gesucht: Verkaufspreis eines Computers

Plan:

Verteile Einkaufspreis, Geschäftskosten und Gewinn auf die 15 Computer.

(Einkaufspreis + Geschäftskosten + Gewinn) : 15 =
(650 € · 15 + 1050 € + 3000 €) : 15 =
(9750 € + 4050 €) : 15 = 920 €
Ein Computer kostet 920 €.

b) **Gegeben:** Selbstkosten
(Einkaufpreis + Geschäftskosten) wie bei a)
7 Computer verkauft, zu je 920 €
Gesucht: Preis für die restlichen 8 Computer

Plan:

Die bisherigen Einnahmen aus den 7 Computern müssen mit dem Erlös für die verbleibenden 8 Computer die Selbstkosten ergeben. Dieser Restbetrag wird auf 8 Computer verteilt.

Gesamtansatz: (Selbstkosten – bisherige Einnahmen) : 8
= [(650 € · 15 + 1050 €) – 920 € · 7] : 8 = 545 €
Er muss die restlichen 8 Computer zum Stückpreis von 545 € verkaufen.

Übung 1

Waschmaschine (Geld)

Ein Elektrogroßhändler kauft zwei Waschmaschinen zum Gesamtpreis von 1700 €. Er verkauft sie für je 1093 € an einen Einzelhändler weiter. Dabei erzielt er einen Gesamtgewinn von 212,65 €. Wie hoch waren seine Geschäftskosten?

Übung 2*

Obsthändler (Geld)

Obsthändler Birnbaum hat im September für 445,50 € Äpfel und für 469,90 € Birnen vom Großhändler erhalten. Wie hoch war sein Gewinn, wenn seine Geschäftskosten 179,50 € betrugen und er die Äpfel für 530 € und die Birnen für 718 € verkauft hat?

Übung 3*

Verlust (Geld)

Ein Modehaus bot zum Räumungsverkauf Ware für 1785 € an und nahm dabei einen Verlust in Höhe von 156 € in Kauf. Die anteilig angefallenen Geschäftskosten beliefen sich auf 95,50 €. Zu welchem Preis war die Ware eingekauft worden?

22 Transport und Verkehr I

Beispiel

Mit dem Sattelzug unterwegs (Längen, Gewicht, Zeit)
Am Montag um 18.50 Uhr fährt ein Sattelzug von Augsburg mit Zielort Hamburg (720 km) ab. Der Lkw ist voll beladen mit 24 gleichen Paletten, die für Amerika bestimmt sind. Sie sollen im Hamburger Hafen auf ein Schiff umgeladen werden.

a) Das Ladegewicht beträgt 7 t 680 kg. Wie schwer ist jede einzelne Palettenladung, wenn die leere Palette 12 kg wiegt?

b) Um 5.05 Uhr erreicht der Lkw den ersten Zielort. Wie lange war der Sattelzug in Fahrt, wenn um 23.20 Uhr eine Pause von 1 h und 15 min eingelegt wurde? Welche Strecke legte er durchschnittlich in einer Stunde zurück?

Gegeben: a) Anzahl der Paletten: 24
Palettengewicht: 12 kg,
Ladegewicht: 7 t 680 kg
b) Abfahrtszeit: 18.50 Uhr
Ankunftszeit: 5.05 Uhr,
Pause: 1 h 15 min,
Länge der Fahrt: 720 km,

Gesucht: a) Gewicht einer Palettenladung
b) reine Fahrzeit
durchschnittlich zurückgelegte Strecke pro Stunde

a) **Plan:**
Es sind 24 gleiche Paletten! Verteilst du das gesamte Ladegewicht auf die 24 Paletten, so musst du vom Ergebnis nur noch das Gewicht einer Palette abziehen.

7 t 680 kg : 24 – 12 kg = 7680 kg : 24 – 12 kg
= 320 kg – 12 kg = 308 kg

Eine Palettenladung wiegt 308 kg.

b) **Plan:**
Ziehe von der benötigten Zeit die Pause ab. Nimm 24.00 Uhr zu Hilfe.

reine Fahrzeit: (24 h – 18 h 50 min) + 5 h 5 min – 1 h 15 min
= 5 h 10 min + 5 h 5 min – 1 h 15 min = 9 h

Der Sattelzug war 9 Stunden in Fahrt.
Stündlich zurückgelegte Strecke: 720 km : 9 = 80 km

Übung 1

Fahrzeiten (Längen, Zeit)

Ein Lkw fährt auf der Autobahn mit einer gleichmäßigen Geschwindigkeit von 80 km pro Stunde. Laut Vorschrift darf der Fahrer zweimal am Tag 4 Stunden 30 min mit dem Lkw unterwegs sein. Mindestens eine Stunde Rast muss zwischen den Fahrtzeiten eingeplant werden.

a) Wie weit kann der Fahrer höchstens fahren, bis er eine Pause einlegen muss?

b) Wie lange ist der Fahrer mindestens unterwegs von Stuttgart nach Düsseldorf (400 km), von Leipzig nach Kassel (280 km)

c) Wie weit kommt ein Lkw-Fahrer höchstens in 3 h 15 min (6 h 30 min)?

Übung 2

Riesenbibliothek auf Achse (Längen, Geld)

1996 wurde der Neubau der Deutschen Bibliothek in Frankfurt am Main fertig. Er kostete umgerechnet insgesamt 126 Millionen €. Für den Umzug der 6 Millionen Titel wurden 75 Tage vorgesehen.

a) Ein Lkw kann pro Tag durchschnittlich 4000 Titel anliefern. Wie viele Lkw werden benötigt?

b) Wie viel Geld wurde für die Unterbringung pro Titel durchschnittlich aufgewendet?

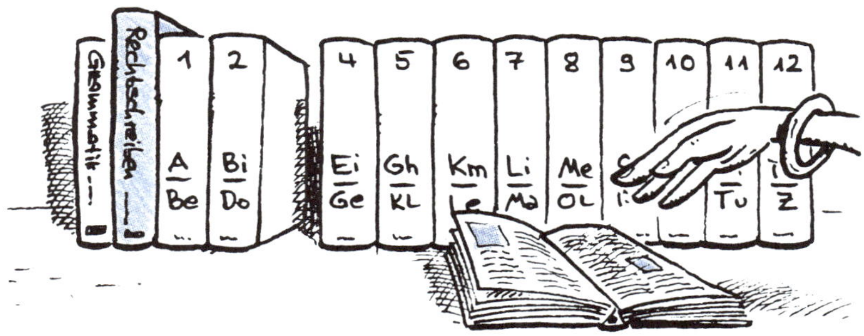

23 Transport und Verkehr II

Beispiel

Durststrecke (Längen, Geld, Volumen)

Der Sattelzug von Onkel Jonas kann 400 Liter Dieselkraftstoff tanken. Er fährt von Augsburg über Hamburg (720 km) nach Berlin (300 km) und von dort nach Augsburg (610 km) zurück.

a) Wie weit kommt Onkel Jonas mit einer Tankfüllung, wenn auf 1 km 350 ml Dieselkraftstoff verbraucht werden und als Reserve 29 Liter im Tank verbleiben sollen?

b) Wie teuer sind die Treibstoffkosten für die gesamte Fahrt, wenn ein Liter Diesel 84 Ct kostet?

c) Auf der Strecke von Hamburg nach Berlin fährt der Sattelzug ohne Fracht. Dadurch sinkt der Verbrauch auf 31 Liter pro 100 km. Wie teuer sind die Treibstoffkosten für die gesamte Fahrt jetzt?

Gegeben: Tankinhalt: 400 l; Reserve 29 l
Fahrstrecken: 720 km; 300 km, 610 km
Verbrauch: 350 ml auf 1 km; zu 84 Ct pro l
Verbrauch ohne Fracht: 31 l auf 100 km
Fahrstrecke 300 km

Gesucht: a) Weg mit einer Tankfüllung
b) Treibstoffkosten für die gesamte Fahrt
c) Treibstoffkosten bei einer Leerfahrt

a) **Plan:**
Verteile das nutzbare Volumen auf die Treibstoffmenge pro 100 km.
Zahl der Kilometer: (400 000 ml – 29 000 ml) : 350 ml = 1060
Jonas kommt 1060 km weit.

b) **Plan:**
Berechne aus dem Verbrauch die Kosten.
Verbrauch (720 km + 300 km + 610 km) · 350 ml = 570 l 500 ml
Kosten: 84 Ct · 570 + 84 Ct : 2 = 479 € 22 Ct
Die Treibstoffkosten betragen 479 € 22 Ct.

c) **Plan:**
Berechne die gesparten Kosten aus dem verringerten Verbrauch.
Verbrauch mit Ladung: 570 500ml : 1630 km · 100 = 35000 ml = 35 l
Er spart also 4 l auf 100 km.
Kosten – gesparter Treibstoff = 479 € 22 Ct – 84 Ct · 4 · 3
= 479 € 22 Ct – 10 € 8 Ct
= 469,14 €
Die Treibstoffkosten betragen jetzt 469,14 €.

Übung 1

Just in time (Längen, Gewicht)

Der Pilot eines Polizeihubschraubers beobachtet auf der Autobahn A9 zwischen Schleiz und Dütersdorf in Richtung Berlin alle 250 m einen Lkw.

a) Wie viele Lkws fahren in diesem Moment von München nach Berlin (582 km), wenn man annimmt, dass dies auf der gesamten Strecke der Fall ist?

b) Die Lagerhaltung von Waren ist heute so teuer, dass viele Firmen dazu übergehen, zur rechten Zeit (just in time) ihre Ware mit dem Lkw anliefern zu lassen. Damit dient die Autobahn als riesiges Warenlager. Wie viele Tonnen Waren sind in jedem Augenblick auf allen Lkw unterwegs, die sich auf der A9 von München nach Berlin befinden, wenn jeder Lkw durchschnittlich 15 t Zuladung mitführt?

Übung 2*

Lkw-Schlangen (Längen)

Oft fahren Lastkraftwagen auf der Autobahn in einer Wagenschlange. Eine 20er-Lkw-Schlange soll aus 20 Lkw bestehen, deren Fahrer alle den gleichen Sicherheitsabstand von 100 m zum vorausfahrende Lkw einhalten. Ein Lkw ist 15 m lang.

a) Wie lang ist diese 20er-Lkw-Schlange?

b) Auf der Strecke von Ulm nach Hannover (Entfernung 608,5 km) sind 2600 Lkws unterwegs, die alle zu diesem Zeitpunkt in 20er-Lkw-Schlangen fahren. Welchen durchschnittlichen Abstand haben diese Lkw-Schlangen?

Tipp:
Achte auf die Anzahl der Abstände zwischen den Lkw!

24 Energie und Rohstoffe I

Beispiel

Nachwachsender Rohstoff (Gewicht, Fläche, Volumen)

Im Frühling bewundern wir auf dem Land oft riesige Flächen leuchtendes Gelb. Aus den Körnern der Anbaupflanze, dem Raps, lässt sich Rapsöl gewinnen. In den letzten Jahren wurde dieses Öl zunehmend zu Treibstoff – Biodiesel genannt – weiterverarbeitet. Durchschnittlich erbringt ein Hektar Anbaufläche 4 Tonnen Raps. Daraus gewinnt man 3500 l Rapsdiesel.

a) Im Jahre 2003 wurde in Deutschland auf einer Fläche von 1 050 000 ha Raps angebaut. Wie viele Tonnen Raps wurden 2003 geerntet?

b) Im Durchschnitt braucht ein Dieselfahrer pro Jahr 1250 Liter Kraftstoff. Der 10. Teil davon soll durch Rapsdiesel ersetzt werden. Wie viele Dieselfahrer können mit der Anbaufläche von 1 Hektar versorgt werden?

Gegeben:	a) Gesamtanbaufläche: 1 050 000 ha
	Ertrag pro Hektar: 4 t
	b) Dieselverbrauch: 1250 l
	Anteil des Rapsdiesels: 10. Teil
	Dieselertrag pro Hektar: 3500 l
Gesucht:	a) Erntegewicht 2003
	b) Anzahl der Dieselfahrer

a) **Plan:**

Multipliziere die Anzahl Hektar mit der Menge Raps.

4 t · 1 050 000 = 4 200 000 t

2003 wurden in Deutschland 4 200 000 t Raps geerntet.

b) **Plan:**

Teile den Hektarertrag durch den Anteil des Rapsdiesels am Jahresverbrauch eines Pkw.

Benötigte Menge Rapsöl: 1250 l : 10 = 125 l

Anzahl der Dieselfahrer: 3500 l : 125 l = 28

Ein Hektar liefert Rapsdiesel für 28 Autofahrer.

Übung 1

Ist Biodiesel teuer? (Geld, Volumen)
Was kostet der Liter Biodiesel an der Tankstelle, wenn die Gewinnung von 100 Liter Öl 36 € kostet und für deren Weiterverarbeitung zu Treibstoff weitere 17 € nötig sind. Für Transport und Steuern müssen 22 Cent für jeden Liter gerechnet werden?

Tipp:
Rechne beim Teilen in die kleinere Maßeinheit um.

Übung 2

Heizöl (Geld, Volumen)
Bei Familie Winter soll der Heizöltank wieder gefüllt werden. Er braucht 4500 Liter. Auf Anfrage beim Ölhändler erfährt Herr Winter, dass 1 Liter derzeit 39 Cent kostet, bei mehr als 5000 Litern Abnahme sinkt der Preis um 2 Cent und bei mehr als 10 000 Litern nochmals um 2 Cent. Herr Winter ruft drei Freunde an, die in der gleichen Straße wohnen. Der erste könnte 2600 Liter brauchen, der zweite 2100 Liter und der dritte 3900 Liter.

a) Was kostet die ganze Öllieferung? (Gesamtansatz)

b) Wie viel hat Herr Winter gespart? (Gesamtansatz)

25 Energie und Rohstoffe II

Beispiel

An der Tankstelle (Volumen)

Vor der Tankstelle von Herrn Dieslmüller steht ein Tankzug und füllt einen unterirdischen Vorratstank mit 324 hl Kraftstoff. Herr Dieslmüller weiß, dass Mittelklassewagen bei ihm durchschnittlich 45 l, Oberklasseautos dagegen durchschnittlich 72 l Kraftstoff tanken.

a) Wie viele Mittelklassewagen könnten tanken, bis der Kraftstoff vollständig verbraucht ist? Welcher Wert ergäbe sich für die Oberklasseautos?

b) Es wird angenommen, dass immer zwei Mittelklasse- und ein Oberklasseauto gleichzeitig tanken. Nach wie vielen Tankvorgängen ist der große Vorratstank leer? Wie viele Autos haben getankt?

Gegeben: a) Vorratstank: 324 hl
Mittelklasse: 45 l
Oberklasse: 72 l
b) Tankvorgang:
2 Mittelklassewagen, 1 Oberklasseauto

Gesucht: a) Anzahl der Füllungen für jeden Autotyp
b) Anzahl der Tankvorgänge, Gesamtzahl der Autos

Plan:

a) Berechne, wie oft jeder Tankinhalt im Vorratstank enthalten ist.

b) Berechne die Füllmenge für einen Tankvorgang und dann die Anzahl der Tankvorgänge. Die Zahl der Autos ergibt sich aus der Anzahl der Tankvorgänge, da jeweils drei Autos tanken.

a) Mittelklassewagen: 32 400 l : 45 l = 720
Oberklasseautos: 32 400 l : 72 l = 450
Es können einzeln 720 Mittelklassewagen oder 450 Oberklasseautos tanken.

b) Kraftstoffmenge beim Tankvorgang: (45 l · 2 + 72 l) = 162 l
Anzahl der Tankvorgänge: 32 400 l : 162 l = 200
Gesamtzahl der Autos: 200 · 3 = 600
Es sind 200 Tankvorgänge. Es haben 600 Autos getankt.

Übung 1*

Gemeinsam wird's billiger (Volumen, Geld)

Der Heizöltank von Familie Müller fasst 7500 l, der ihrer Nachbarfamilie Maier 15 000 l und der ihrer Nachbarfamilie Huber 12 000 l. Der Tank von Familie Müller ist zu vier Fünfteln leer, der von Familie Maier zu drei Vierteln leer und der von Familie Huber enthält noch zwei Fünftel des Tankinhalts. Wenn Familie Müller allein Heizöl tanken würde, müsste sie 34,6 Ct pro Liter bezahlen. Den gleichen Preis müsste Familie Huber bezahlen. Familie Maier bekäme den Liter für 33,5 Ct. Wenn die drei Nachbarfamilien aber ihr Heizöl gemeinsam bestellen, müssen sie für einen Liter nur 32,4 Ct bezahlen.

a) Was kostet die ganze Heizöllieferung bei gemeinsamer Bestellung?

b) Um welchen Betrag wird für jede Familie die gemeinsame Heizöllieferung gegenüber einer Einzelbestellung billiger?

Übung 2*

Energiesparlampen (Zeit, Geld, Prozent)

Herr Sparsam möchte Glühbirnen zum Preis von 1,25 € pro Stück kaufen. Sohn Fritzi hat in einem Werbeheft gelesen, dass jede Energiesparlampe eine Lebensdauer von 9100 Betriebsstunden hat und dass man in dieser Zeit 10 Glühlampen verbrauchen würde. Allerdings kostet eine solche Lampe 12 €. Bei einer täglichen Brenndauer von 5 Stunden kostet der Energieverbrauch der Glühbirne in der Woche 25 Cent. Bei der Sparlampe sind es nur 5 Cent. Rechne mit 52 Wochen pro Jahr!

a) Wie viele Stunden brennt jede Lampe in einem Jahr?

b) Wie hoch sind die Stromkosten für jede der Lampen in einem Jahr?

c) Wie viele Jahre hält die Energiesparlampe?

d) Wie viel Geld kann Herr Sparsam sparen, wenn die Sparlampe ihre ganze Lebensdauer erreicht?

e) Wie viel Prozent der ursprünglichen Ausgaben werden eingespart? Runde auf ganze Prozent.

Tipp:
Die Betriebsstunden sind die Stunden, in denen die Lampe brennt.

26 Natur und Umwelt I

Beispiel

Wohin mit dem Müll? (Zeit, Gewicht, Geld, Volumen)
Andrea schätzt, dass in ihrer vierköpfigen Familie jeden Monat insgesamt 120 kg Müll anfallen. Die Müllers leben in einer Stadt mit ca. 262 000 Einwohnern. Der anfallende Müll wird in einer modernen Abfallverwertungsanlage verarbeitet.

a) Was kostet ein 10-kg-Paket Hausmüll, wenn Müllers vierteljährlich 64 € bezahlen und jährlich 32 € Sperrmüllkosten dazukommen.

b) Wie viel Hausmüll muss in der Stadt jährlich beseitigt werden?

Gegeben: monatliche Müllmenge für 4 Personen: 120 kg
Einwohnerzahl: 262 000
vierteljährliche Kosten: 64 €
Sperrmüllkosten: 32 €

Gesucht: a) Kosten eines 10-kg-Paketes
b) gesamte Müllmenge pro Jahr

a) **Plan:**
Berechne die Summe der vierteljährlichen Kosten und der Sperrmüllkosten und verteile diese auf die Anzahl der jährlichen 10-kg-Pakete Müll.

Zahl der jährlichen $(120 \text{ kg} : 10 \text{ kg}) \cdot 12 = 144$

Kosten pro 10-kg-Paket: $(64 € \cdot 4 + 32 €) : 144$
$= (256 € + 32 €) : 144$
$= 288 € : 144$
$= 2 €$

Jedes 10-kg-Paket kostet 2 €.

b) **Plan:**
Die Frage bezieht sich auf alle Einwohner, die Angaben beziehen sich auf die vierköpfige Familie. Suche als Zwischenschritt die monatliche Müllmenge pro Person. Berechne dann die monatliche Müllmenge für alle Einwohner und schließlich die jährliche Müllmenge.

monatliche Menge pro Person: $120 \text{ kg} : 4 = 30 \text{ kg}$
für alle Einwohner: $30 \text{ kg} \cdot 262\,000 = 7\,860\,000 \text{ kg} = 7860 \text{ t}$
jährlicher Müll für alle Einwohner: $7860 \text{ t} \cdot 12 = 94\,320 \text{ t}$
Jedes Jahr muss in dieser Stadt die Menge von 94 320 t Hausmüll beseitigt werden.

Übung 1

Mülltransport (Länge, Gewicht, Geld)

Die fünfköpfige Familie Saubermann lebt in einer Kleinstadt mit 25 000 Einwohnern. Bei Saubermanns fallen pro Monat 145 kg Müll an. Der gesamte Hausmüll der Stadt wird mit der Bahn in eine moderne Abfallverwertungsanlage transportiert.

a) Wie viel Müll muss in der Stadt insgesamt jährlich beseitigt werden? Siehe links!

b) Ein Güterwagen fasst 30 t Müll. Wie lang würde ein Güterzug sein, der den gesamten Jahresmüll auf einmal transportieren könnte, wobei ein Waggon 12 m lang ist?

c) Familie Keller verwendet eine 70-Liter-Tonne für ihre Abfallentsorgung ohne Eigenkompostierung. Sie bezahlt vierteljährlich eine Grundgebühr von 37,93 € und eine Leistungsgebühr von 53,39 €. Zusätzlich werden pro Jahr noch 8 Gelbe Säcke zum Stückpreis von 1,50 € für wieder verwertbare Plastikstoffe benötigt. Wie viel kostet die jährliche Abfallentsorgung für die Kellers?

Übung 2

Verringerung des Wasserverbrauchs (Geld, Volumen)

Eine Toilettenspülung hat einen Verbrauch von ca. 12 Litern Wasser. Durchschnittlich 12-mal wird die Spülung in einem Vierpersonenhaushalt jeden Tag betätigt. Zur Verringerung des Wasserverbrauchs bietet eine Firma ein Produkt an, das den Wasserverbrauch auf 7 Liter verringern soll. Wie viel wird jährlich eingespart, wenn 23 Ct für 1 hl Wasser zu bezahlen sind? Rechne mit 365 Tagen.

27 Natur und Umwelt II

Beispiel

Die kleine Farm

Nach den Ferien erzählt Carolin ihrer Freundin Susi von ihrer kleinen Farm: „Zur Zeit habe ich 23 Tiere, und zwar genau so viele Meerschweinchen wie Mäuse. Außerdem habe ich doppelt so viele erwachsene Zwerghasen wie Mäuse. Zu den Zwerghasen gehört auch eine Hasenmama, die beim ersten Wurf dreimal so viel Hasenjunge bekam, wie ich Mäuse habe, und deren zweiter Wurf 3 Häschen mehr brachte als der erste Wurf." „Schon am ersten Schultag wieder denken", jammert Susi, „aber ich krieg's raus!" –
Du auch? Stelle eine Gleichung auf!

Gegeben: 23 Tiere
Gesucht: Anzahl der Tiere pro Sorte

Plan:

Zunächst muss x festgelegt werden. Da sich alle Informationen in irgendeiner Form auf die Mäuse beziehen, ist es sinnvoll die Zahl der Mäuse mit x zu bezeichnen. Manchmal hilft eine kleine Skizze:

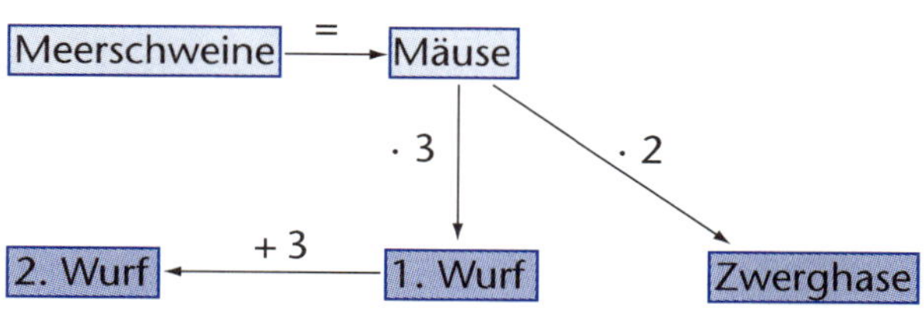

Sehr sinnvoll ist eine Tabelle:

Tiername	Zusammenhang	Anzahl
Meerschweinchen	x	2
Mäuse	x	2
erw. Zwerghasen	$2x$	4
1. Wurf	$3x$	6
2. Wurf	$3x + 3$	9

Berechne jeweils die Anzahl und setze sie in die Tabelle ein!

$$x + x + 2x + 3x + 3x + 3 = 23$$
$$10x = 20$$
$$x = 2$$

Übung 1

Jägerlatein? (Gewicht)

Der Jäger Specht ist mit den Schülern der 5. Klasse im Wald unterwegs. Die Lehrerin, Frau Rehbein, ermahnt die Kinder gut aufzupassen, weil aus manchen Jägergeschichten plötzlich Rechenaufgaben werden. Auf einer Lichtung stehen einige Rehe. Förster Specht erzählt: „Ein Reh ist nicht schwer. Eine Hirschkuh ist viermal so schwer wie ein Reh und eine Hirschkuh ist halb so schwer wie ein Hirsch. Ich selbst wiege 70 kg." Frau Rehbein gibt ihr Gewicht mit 60 kg an. Förster Specht sagt: „Ein Reh und eine Hirschkuh und ein Hirsch sind zusammen doppelt so schwer wie eure Lehrerin und ich. Wie schwer sind die Tiere?" (Gleichung)

Gegeben: Gewicht von Förster Specht:
Gewicht von Frau Rehbein:

Gesucht: Gewicht der Tiere

Tipp:

Setze x für das Gewicht des Rehs.

Plan:

Tiername	Zusammenhang	Gewicht
Reh		
Hirschkuh		
Hirsch		

Gleichung:

Tipp:

Mit dem Ergebnis für x kannst du die dritte Spalte der Tabelle ausfüllen und dann den Antwortsatz formulieren.

28 Urlaub und Reisen I

Beispiel

Abstecher über die Grenze (Geld, Länge, Volumen, Prozent)
Familie Fröhlich macht im Bayerischen Wald 14 km von der Grenze zur Tschechischen Republik entfernt Urlaub. Herr Fröhlich fährt zum Tanken über die Grenze. Am Urlaubsort kostet 1 Liter Benzin 1,08 €, direkt hinter der Grenze umgerechnet nur 0,78 €.
a) Wie viel spart Herr Fröhlich, wenn er 60 Liter tankt und den Verbrauch für Hin- und Rückweg nicht rechnet? (Gesamtansatz)
b) Wegen der Abnutzung des Wagens rechnet Herr Fröhlich aber für jeden gefahrenen Kilometer Kosten in Höhe von 40 Cent. Lohnt sich die Tankfahrt immer noch?
c) Berechne die Ersparnis in vollen Prozent für Teilaufgabe a) und b).

a) **Gegeben:** Benzin hier: 1,08 € pro Liter
Benzin drüben: 0,78 € pro Liter
Menge: 60 Liter
Gesucht: Ersparnis beim Tanken

Plan:
Multipliziere den Preisunterschied mit der Anzahl der getankten Liter.
(1,08 € – 0,78 €) · 60 = 30 Ct · 60 = 1800 Ct = 18 €
Herr Fröhlich spart 18 €.

b) **Gegeben:** gesparte Kosten: 18 €
Strecke: 14 km (einfach)
Kilometerkosten: 40 Ct
Gesucht: Unterschied zwischen Ersparnis und Kilometerkosten

Plan:
Berechne den Unterschied zwischen gesparten Kosten und Kilometerkosten für die ganze Strecke (achte auf Hin- und Rückweg!).
Kilometerkosten: 40 Ct · 2 · 14 = 1120 Ct = 11,20 €
Unterschied: 18 € – 11,20 € = 6,80 €
Herr Fröhlich spart immer noch 6,80 €.

c) **Gegeben:** 60 l zu je 1,08 €
Ersparnis a) 18 €
Ersparnis b) 6,80 €

Ersparnis geteilt durch Gesamtpreis am Urlaubsort
zu a) 18,00 € : 64,80 € = 0,28 = 28 %
zu b) 6,80 € : 64,80 € = 0,11 = 11%

Übung 1

Kostengrenze (Länge, Geld)

Herr Fröhlich möchte es nun aber schon ganz genau wissen: „Wie weit darf ich von der Grenze entfernt sein, damit es sich noch lohnt, in der Tschechischen Republik zu tanken?"

In welcher Entfernung von der Grenze würde die Ersparnis beim Tanken von 60 l Benzin durch die Kilometerkosten von 40 Cent ausgeglichen? Verwende die Ergebnisse der linken Seite!

Übung 2

Busfahrt (Länge, Geld)

Die Klasse 5 a (22 Kinder) hat bei einem Preisausschreiben 300 € gewonnen. Die Kinder wollen diesen Betrag für einen Busausflug verwenden. Ein Busunternehmen bietet einen Reisebus mit 25 Plätzen für einen Sonderpreis von 199,20 € an. Im diesem Preis sind 250 km freie Fahrt enthalten. Für jeden zusätzlich gefahrenen Kilometer berechnet das Unternehmen 1,40 €.

Wie weit kann die Reise gehen? (Beachte, dass die Klasse wieder nach Hause kommen muss.)

Übung 3*

Reiterferien (Geld, Prozent)

Viktoria wünscht sich sehnlichst eine Woche Reiterferien für 210 €. „Wenn du jeden Monat 5 € ansparst, erhältst du von mir nach einem Jahr eine Prämie von 40 % von deinen Ersparnissen", sagt Vater. Mutter will sich mit einem Drittel an den Kosten beteiligen und meint: „Zusammen mit den 50 € Weihnachtsgeld von Opa wird es reichen."

a) Stimmt das?

b) Mit welchem Betrag kann Viktoria rechnen, wenn Vater seine Prämie um 50 % erhöht?

29 Urlaub und Reisen II

Beispiel

Billigflug (Geld)
Ein Reiseunternehmen bietet ab München an:
Tunesien: Club-Hotel „Houda"
1 Woche Halbpension für 448,00 €
1 Woche Verlängerung 160,00 €
pro Kind 1 Drittel Ermäßigung

Als Taschengeld sind für Vater und Mutter Sonnemann je 200 € und 40 € für jedes der 3 Kinder vorgesehen. Wie teuer wird der Tunesienurlaub für die Sonnemanns, wenn sie 3 Wochen eingeplant haben und für zusätzliches Essen (Halbpension!) durchschnittlich 25 € pro Tag hinzukommen?

Gegeben:	Kosten pro Erwachsenem:	
	1 Woche mit Flug	448 €
	Kosten für 2 weitere Wochen:	160 € · 2
	Ermäßigung pro Kind:	ein Drittel
	Taschengeld pro Erwachsenem:	200 €
	Taschengeld pro Kind:	40 €
	Zusatzessen für 21 Tage:	25 € · 21
Gesucht:	Urlaubskosten	

Plan:
Berechne die Summe aus den Kosten von 2 Erwachsenen, 3 Kindern, dem Taschengeld für 2 Erwachsene und 3 Kinder und den Essenskosten für die 21 Tage.

Kosten für 1 Erwachsenen: $448\,€ + 160\,€ \cdot 2 = 768\,€$
Gesamtkosten:

$$768\,€ \cdot 2 + (768\,€ - 768\,€ : 3) \cdot 3 + 200\,€ \cdot 2 + 40\,€ \cdot 3 + 25\,€ \cdot 21$$
$$= 1536\,€ + (768\,€ - 256\,€) \cdot 3 + 400\,€ + 120\,€ + 525\,€$$
$$= 1536\,€ + 512\,€ \cdot 3 + 400\,€ + 120\,€ + 525\,€$$
$$= 1536\,€ + 1536\,€ + 400\,€ + 120\,€ + 525\,€$$
$$= 4117\,€$$

Der Urlaub kostet 4117 €.

Übung 1

Mutter Sonnemanns Lösung (Geld)

Mutter Sonnemann hat eine überraschende Lösung für die Urlaubskostenberechnung. „Dreimal ein Drittel Ermäßigung für den Pauschalpreis der Kinder ist genauso viel wie der Pauschalpreis für einen Erwachsenen. Damit kosten 4 Erwachsene genau so viel wie 2 Erwachsene und 3 Kinder."

Überprüfe, ob das stimmt. Übernimm die Kosten von der linken Seite.

Übung 2*

Urlaub auf dem Bauernhof

Uwe macht mit seinen Eltern Urlaub auf dem Bauernhof. Bei der Begrüßung erkundigt er sich sofort bei dem gleichaltrigen Bauernjungen Franz nach den Tieren auf dem Hof. Der Franz gibt ihm eine rätselhafte Auskunft: „Wir haben doppelt so viele Kühe wie Ziegen und doppelt so viele Hühner wie Kühe. Die Zahl der Schafe ist um 4 größer als das Doppelte der Zahl der Ziegen und die Zahl der Gänse ist um 2 größer als die der Ziegen. Insgesamt sind es 66 Tiere. Wie viele Ziegen, Hühner, Gänse, Schafe und Kühe sind das?" „Und das in den Ferien", stöhnt Uwe. Aber er will dem Franz zeigen, was er kann – du doch sicher auch! (Gleichung)

Verwende zur Lösung nachstehende Tabelle.

Tierart	Zusammenhang	Anzahl
Ziegen		
Kühe		
Hühner		
Schafe		
Gänse		

Tipp:

Setze für die Zahl der Ziegen *x* ein.

30 Länder und Völker I

Beispiel

Heuschreckenplage in Afrika (Fläche, Gewicht)
Die Flugheuschrecke wird zur verheerenden Plage, wenn sie in riesigen Schwärmen auftritt. Die Schwärme entwickeln eine Geschwindigkeit bis zu 40 km in der Stunde.
Im afrikanischen Sueli zählte man kurz vor der Ernte auf einem Quadratmeter eines Getreidefeldes der Größe 3 ha 50 a durchschnittlich 50 Heuschrecken, von denen jede pro Tag bis zu 5 g Futter vertilgen kann.
a) Wie hoch ist in normalen Zeiten die Ernte auf dem Getreidefeld (Körner und Stroh), wenn man von 1 Hektar des Feldes erfahrungsgemäß 2 t 500 kg Körner und 5 t Stroh erwirtschaftet?
b) In welcher Zeit hatten die Heuschrecken das Feld völlig abgefressen (Körner und Stroh)?

Gegeben: Feldfläche: 3 ha 50 a
Schwarmgeschwindigkeit: 40 km in der Stunde
2 t 500 kg Körner und
5 t Stroh pro ha
Gesucht: a) Ertrag des Getreidefeldes
b) Fresszeit

Plan:
a) Multipliziere den jeweiligen Ertrag mit der Größe des Feldes.
b) Berechne zuerst den Gesamtertrag (Körner und Stroh) pro Quadratmeter und teile durch die Gesamtmenge, die von den 50 Heuschrecken täglich gefressen wird.

a) Körner: $2500\,kg \cdot 3 + 2500\,kg : 2 = 7500\,kg + 1250\,kg$
$= 8750\,kg$
(50 a sind ein halber Hektar)
Stroh: $5\,t \cdot 3 + 5\,t : 2 = 15\,t + 2{,}5\,t$
$= 15\,t + 2\,t\ 500\,kg = 17\,t\ 500\,kg$
Der erwartete Ertrag des Feldes waren 8 t 750 kg Körner und 17 t 500 kg Stroh.

b) Ertrag pro 1 m^2: $7\,500\,000\,g : 10\,000 = 750\,g$
50 fressen pro Tag: $5\,g \cdot 50 = 250\,g$
Fresszeit in Tagen: $750\,g : 250\,g = 3$

In 3 Tagen war das Feld abgefressen.

Übung 1

Heuschreckenflug (Länge, Zeit)
Heuschreckenschwärme legen auf der Suche nach Futter oft bis zu 40 km in der Stunde zurück. Sofort nach dem Auftauchen der Heuschrecken in Sueli wurden die Bewohner einer 320 km entfernten Oase gewarnt. Wie lange hatten diese noch Zeit, bis die ersten Heuschrecken auch bei ihnen eingetroffen waren?

Übung 2

Delikatessen (Gewicht)
Geröstete Heuschrecken gehören zur Lieblingsspeise der Einwohner von Sueli. Zu einem Festmahl sind 12 Personen eingeladen. Durchschnittlich werden pro Person 150 g Heuschrecken verspeist. Wie viele Heuschrecken muss Mali einsammeln, wenn eine Heuschrecke 5 g wiegt und die Flügel und Beine (zusammen 1 g) nicht verwendet werden?

Übung 3

Europa (Länge)
Europa hat ein Straßennetz der Länge 3 283 200 km. Zwei Reisende wollen die gesamte Strecke mit dem Auto befahren.
a) Wie viele Monate (rechne mit je 30 Tagen) sind sie unterwegs, wenn sie durchschnittlich 80 km in der Stunde zurücklegen?

b) Könnte man eine Schnur um die Mitte der Erde (Äquator) legen, so hätte diese eine Länge von 40 000 km. Wie oft würden unsere beiden Reisenden vollständig die Erde umrunden, wenn sie dieselbe Strecke auf dem Äquator zurücklegen könnten?

Übung 4

Kältepol (Temperatur)
Werchojansk in Ostsibirien wird als ein Kältepol der Erde bezeichnet. Dort wurde als tiefste Temperatur –67,8 °C gemessen.
Oliver findet im Lexikon für Werchojansk eine größte Temperaturschwankung von 102,8 °C und eine mittlere Temperatur von 15 °C für den Monat Juli. Er fragt sich, welche höchste Temperatur in dem Jahr mit dem heißesten Sommer in der Stadt geherrscht hat. Um wie viel lag diese höchste Temperatur über der mittleren Julitemperatur?
Kannst du Oliver helfen?

31 Länder und Völker II

Beispiel

Kolumbus auf dem Weg nach Amerika (Länge, Zeit)

In Gomera auf den Kanarischen Inseln sticht Kolumbus am 6. September 1492 in See und nimmt Kurs nach Westen. Er will mit drei Schiffen und 89 Mann Besatzung den Seeweg nach Indien finden. Am 12. Oktober 1492 ankern die Schiffe Santa Maria, Pinta und Niña vor San Salvador, einer Insel im heutigen Bahama, und Kolumbus betritt mit seinen Kapitänen als erster Europäer amerikanischen Boden.

a) Wie viele Tage waren die Schiffe auf See? Rechne den Abfahrtstag nicht mit hinzu.

b) Welche Strecke legten sie durchschnittlich in einer Stunde zurück, wenn die Entfernung von Gomera bis San Salvador 5184 km beträgt?

c) Überliefert ist eine Höchstgeschwindigkeit von 14 Knoten, dies entspricht einer Strecke von ungefähr 26 km in einer Stunde. Wie viele Kilometer hätten die Schiffe damit an einem Tag zurückgelegt? An welchem Tag der Seereise wären sie mit dieser Geschwindigkeit angekommen?

Gegeben: Fahrt vom 06.09. bis 12.10.1492
Strecke 5184 km,
Höchstgeschwindigkeit 26 km in einer Stunde

Gesucht: a) Reisetage
b) Strecke pro Stunde
c) Maximale Tagesstrecke, Ankunftstag

Plan:

a) Addiere die Septembertage und die Oktobertage der Seereise.

b) Verteile die Gesamtstrecke auf die Zahl der benötigten Stunden.

c) Tagesstrecke ist die Stundenstrecke multipliziert mit 24. Stelle fest, wie oft die Tagesstrecke in der Gesamtstrecke enthalten ist. (Rest?)

a) Septembertage + Oktobertage = $(30 - 6) + 12 = 24 + 12 = 36$
Die Schiffe waren 36 Tage unterwegs.

b) Strecke pro Std.: $5184\text{ km} : (36 \cdot 24) = 5184\text{ km} : 864 = 6\text{ km}$
Sie legten in der Stunde durchschnittlich 6 km zurück.

c) Tagesstrecke bei Höchstgeschwindigkeit: $26\text{ km} \cdot 24 = 624\text{ km}$
Reisetage: $5184\text{ km} : 624\text{ km} = 8$ Rest $192\text{ km} \Rightarrow 9$
Ankunftsdatum: $6 + 9 = 15 \Rightarrow$ am 15. September 1492
Sie hätten am Tag 624 km zurückgelegt und wären am 15. September 1492 angekommen.

Übung 1

Kontinente und Ozean (Fläche)

Die Oberfläche der Erde beträgt 510 Millionen Quadratkilometer. Davon entfallen auf die einzelnen Erdteile die folgenden Flächen:

Afrika:	30 330 000 km^2	
Amerika:	42 081 000 km^2	
Antarktis:	14 108 000 km^2	
Asien:	44 383 000 km^2	
Australien:	8 510 000 km^2	
Europa:	10 500 000 km^2	

a) Schneide einen 1 cm breiten Papierstreifen der Länge 255 mm aus. Dieser Streifen soll die Erdoberfläche veranschaulichen. Der Fläche von Afrika entspricht dann ein Streifen von ca.
30 : 2 mm = 15 mm. Trage die Streifenlängen der restlichen Flächen der Erdteile in die obere Tabelle ein.

b) Schneide von dem 255 mm langen Streifen die entsprechenden Längen der Erdteile ab und klebe die sechs Streifen, die du erhältst, wie in einem Balkendiagramm nebeneinander. Du brauchst nach oben 18 cm Platz. Welcher Fläche entspricht der 7. Streifen?

Tipp: Multipliziere!

c) Wie groß ist die von Wasser bedeckte Erdoberfläche?

d) Wie oft ist die Fläche von Deutschland (350 000 km^2) in der Fläche von Europa enthalten?

32 Technik und Weltraum

Beispiel

Landung auf dem Mond (Länge, Zeit)

Am 19. Juli 1969 erreichen die Astronauten Armstrong, Aldrin und Collins nach 75-stündiger Reise mit ihrem Raumschiff Apollo 11 planmäßig die Umlaufbahn um den Mond. Sie haben 384 000 km von der Erde bis zum Mond zurückgelegt. Als erster Mensch betritt Neil Armstrong am Montag, 21. Juli 1969 um 3.56 Uhr den Mond. Viele Menschen können diesen Augenblick live im Fernsehen miterleben. Frag deine Eltern!

a) Wie viele Tage und Stunden ist eine Rakete zum Mond unterwegs, wenn sie in einer Stunde durchschnittlich 6000 km zurücklegt?

b) Welche Strecke legte das Raumschiff Apollo 11 durchschnittlich in einer Stunde zurück?

Gegeben: Mondentfernung: 384 000 km
Strecke der Rakete in einer Stunde: 6000 km
Reisedauer von Apollo 11: 75 h

Gesucht: a) Reisezeit
b) Strecke in einer Stunde

Plan:

a) Wie oft ist die in einer Stunde zurückgelegte Strecke in der Mondentfernung enthalten?

b) Teile die Mondentfernung durch die Anzahl der benötigten Stunden.

a) 384 000 km : 6000 km = 64; 64 h : 24 = 2 d 16 h
Die Rakete ist 2 Tage 16 Stunden unterwegs.

b) 384 000 km : 75 = 5120 km
In einer Stunde legte das Raumschiff 5120 km zurück.

Übung 1

Rucksack für Astronauten (Gewicht)

Der Astronaut bewegt sich trotz seiner schweren Schutzkleidung mit Leichtigkeit auf dem Mond, denn dort wiegt jeder Gegenstand nur ein Sechstel von dem, was er auf der Erde wiegt. Ein Mensch mit 72 kg auf der Erde hat also auf dem Mond nur 12 kg Gewicht (Mondgewicht).

a) Wie schwer ist ein 84-kg-Astronaut auf dem Mond?

b) Um diesem Astronauten auf dem Mond das gleiche Schweregefühl (84 kg) wie auf der Erde zu geben, könnte er zusätzlich einen Rucksack tragen. Wie schwer wäre dieser Rucksack auf der Erde?

Tipp:

Subtrahiere vom Schwergefühl des Astronauten sein Mondgewicht. Überlege weiter!

Übung 2

Satelliten im All (Gewicht)

Die europäische Trägerrakete Ariane IV kann bis zu 4700 kg Nutzlast in eine Umlaufbahn um die Erde bringen. Mit dieser Rakete wurde der 1870 kg schwere Telefonsatellit Intelsat V FU8 auf seine Position gebracht. Er ist in der Lage, gleichzeitig 120 000 Telefongespräche und 4 Fernsehsendungen zu übertragen.

a) Ariane IV soll zwei Satelliten vom Typ Intelsat V FU8 in eine Umlaufbahn bringen. Wie schwer darf ein dritter Satellit höchstens sein, damit die größtmögliche Nutzlast nicht überschritten wird?

b) Wie viele Leute können gleichzeitig mittels der drei Satelliten telefonieren, wenn der dritte Satellit nur halb so viele Telefongespräche übertragen kann wie ein Intelsat V FU8.

Übung 3

Die Bibliothek auf der Silberscheibe? (Volumen)

Jeder kennt die Musik-CDs, die, in den CD-Spieler eingelegt, fast ohne Nebengeräusche den Höreindruck eines Konzertes wiedergeben können. Moderne Computer benutzen dieselbe Technik, um auf den silbernen Scheiben Informationen abzuspeichern. Hans Schlau behauptet, dass man das gesamte Wissen aller 5000 Bücher aus der Schulbibliothek auf einer einzigen CD unterbringen kann. Glaubst du ihm? Du findest die folgenden Informationen:

Eine Firma bietet in einer PC-Zeitschrift beschreibbare CDs mit Speichergröße 650 MB (Megabyte) zu einem Preis von 3,85 € für die 10er-Packung.

In derselben Zeitung ist zu lesen: „1 Megabyte ist 1 000 000 Byte. Mit einem Byte kann ein Buchstabe gespeichert werden."

a) Ein Lexikon hat 850 Seiten. Auf jeder Seite ist der Text in zwei Spalten zu je 80 Zeilen gedruckt. Durchschnittlich hat jede Zeile 45 Buchstaben. Wie viele Buchstaben lassen sich in dieses Buch drucken?

b) Wie viele Bücher mit je 500 Seiten können durch eine einzige CD ersetzt werden (auf einer Seite sollen 5000 Buchstaben Platz finden)?

c) Was hältst du jetzt von der Behauptung des Hans Schlau?

33 Bauen und Heimwerken

Übung 1

Doppelter Anstrich (Fläche, Geld, Volumen)

Die zu streichende Fläche von Viktorias Zimmer ist 38 m^2. Wegen der besseren Haltbarkeit möchte Herr Weiß das Zimmer zweimal streichen. Beim ersten Mal kann er die Farbe verdünnen und braucht daher nur die halbe Menge. Beim zweiten Mal verwendet er die Farbe unverdünnt und benötigt dann 250 ml pro m^2. Was muss er ausgeben, wenn die Farbe 16 € für einen Eimer mit 2,5 l kostet?

Übung 2*

Tapetenwechsel (Fläche, Geld)

Herr Kleber tapeziert das rechteckige Zimmer seines Sohnes Jörg, das eine Länge von 4 m 20 cm, eine Breite von 3 m 10 cm und eine Höhe von 2 m 30 cm misst. Für die Tür zieht er 90 cm und für das Fenster 1 m ab. Eine Tapetenrolle liefert 4 Bahnen (in Zimmerhöhe) der Breite 50 cm.

a) Wie viele Tapetenbahnen sind erforderlich?

b) Wie viele Tapetenrollen braucht Herr Kleber?

c) Was kostet das neue Zimmer, wenn eine Tapetenrolle 16,50 € kostet und für Kleister 9,70 € bezahlt werden müssen?

Übung 3*

Freibad (Fläche, Länge)

Um ein rechteckiges Schwimmbecken mit den Maßen 25 m und 13 m soll ein 4 m breiter Plattenweg angelegt werden. Die ganze Fläche soll mit einem Zaun eingefasst werden.

a) Fertige eine saubere Skizze, welche die Maße enthält (Maßstab 1 : 100). Schraffiere die Wegfläche mit Bleistift und zeichne den Verlauf des Zauns mit grüner Farbe ein.

b) Wie viele Quadratmeter Platten müssen verlegt werden?

c) Wie viele Meter Zaun müssen eingekauft werden, wenn zwei Zugänge mit je 2,50 m Breite vorgesehen sind?

mentor Übungsbuch

Mathematik

5./6. Klasse

Textaufgaben, Sachrechnen

Paul Weishaupt
Gerhard Ruf

Nach dem Heraustrennen bitte hier klammern

Lösungsteil

(an der Perforation heraustrennen)

mentor
Eine Klasse besser.

2. Lösungswege I – Gesamtansatz oder kleine Schritte?

S. 8 – 9
Übung 1

1. Gesamtgewicht braune Kisten: 15 · 100 kg = 1500 kg
   Gesamtgewicht blaue Kisten: 50 · 40 kg = 2000 kg
   Restgewicht: 7500 kg – 2000 kg – 1500 kg = 4000 kg
   Stückzahl: 4000 kg : 50 kg = 80 Stück rote Kisten
   Es ist noch Platz für 80 rote Kisten.

S. 10 – 11
Übung 1 – 4

3. Gewicht – Eine Menge Kies

1. Gewicht Pakete: 108 · 38 kg = 4104 kg; Gewicht Fässer: 9 · 50 kg = 450 kg
   Gesamtgewicht des Lkw: 2,8 t + 4104 kg + 450 kg = 7 t 354 kg;
   ja, mit 7 t 354 kg darf der LKW über die Brücke fahren.
2. Das Gesamtgewicht beträgt 6500 g, das ergibt 14 Gläser, Rest 200 g.
3. a) Gewicht Limonadenkiste: (20 · 920 g) + 1600 g = 20 000 g = 20 kg;
   260 kg : 20 kg = 13. Er kann 13 Kisten Limonade anheben.
   b) 26 cm · 13 = 3 m 38 cm; der Stapel wäre 3 m 38 cm hoch.
4. 12 · 650 + 30x = 15 000; x = 240 (kg) oder (15 000 – 12 · 650) : 30 = 240
   Eine rote Kiste wiegt 240 kg.
   (Die Aufgabe findest du mit Gesamtansatz schon auf Seite 8 – 9.)

S. 12 – 13
Übung 1 – 4

4. Lösungswege II – Die Sache mit dem „x"!

1. a) $(189 - 45) + x = 123 + 234$; $x = 213$; Die gesuchte Zahl lautet 213.
   b) $(95 - 24) - x = (67 - 35) + 19$; $x = 20$; Die gesuchte Zahl lautet 20.
   c) $x + 99 = 999 - 222$; $x = 678$; Die gesuchte Zahl lautet 678.
2. a) $x \cdot (128 : 16) = 4 \cdot 125 - 720 : 12$; $x = 55$; Die gesuchte Zahl lautet 55.
   b) $x : (18 + 82) = (11 + 19) \cdot (29 - 18)$; $x : 100 = 30 \cdot 11$; $x = 33\,000$
   Die gesuchte Zahl lautet 33 000.
3. a) $2\frac{3}{4} \cdot x = 4\frac{1}{8}$; $x = 1{,}5$; Die gesuchte Zahl lautet 1,5.
   b) $x - \left(20\frac{1}{2} + 18\frac{3}{4}\right) = 212\frac{2}{3} - 195\frac{5}{6}$; $x = 56\frac{1}{12}$; Die gesuchte Zahl lautet $56\frac{1}{12}$.
4. a) $x : \left(1\frac{2}{3} + \frac{5}{12}\right) = 1\frac{3}{5}$; $x = 3\frac{1}{3}$; Die gesuchte Zahl lautet $3\frac{1}{3}$.
   b) $8{,}5 : x = 3{,}4 \cdot 0{,}25$; $x = 10$; Die gesuchte Zahl lautet 10.

S. 14 – 15
Übung 1 – 2

5. Längen – Rennfahrer, Radler, Wanderer

1. a) 2 600 000 cm = 26 000 m.
   Die erste Etappe ist 26 km lang.
   b) 3 000 000 cm : 50 000 = 60 cm
   Für die zweite Etappe misst er 60 cm.
   c) 3 000 000 cm : 40 cm = 75 000; Der Maßstab ist 1 : 75 000.
2. 29 km + 31 km + 35 km + x = 132 km
   95 km + x = 132 km
   x = 132 km – 95 km = 37 km
   Die letzte Strecke ist 37 km lang.

6. Gewicht – Flugzeug

S. 16 – 17
Übung 1 – 3

1. (Koffer + Rest) : (Passagier + Handgepäck) = 10 (Rest 20 kg). Das Flugzeug könnte zusätzlich **10 Passagiere** mitnehmen.
2. a) [(64 · 3) : 2] · 5 = 480. Die gesamte Ladung wiegt **480 kg**.
   b) [480 kg – (192 kg + 3,52 kg · 25)] : 12,5 = 16. Der dritte Kunde erhält **16 Kisten**.
   c) 200 : 480 = 41,66… = 42 %. Auf den dritten Kunden entfallen **42 %** des Gesamtgewichts.
3. a) (11 655 kg – 3,4 kg · 450) : 450 = 22,5 kg. Der Inhalt einer Kiste wiegt **22,5 kg**.
   b) 22500 g : 125 g = 180 „Dufti"; 22500 g : 125 g = 300 „Fleckweg". In einer Kiste sind entweder **180 „Dufti"** - oder **300 „Fleckweg"-Seifenstücke**.

7. Geld – Christian als Zeitungsjunge

S. 18 – 19
Übung 1 – 4

1. 5000 Ct – 790 Ct – (8 · 65 Ct) – (15 · 40 Ct) – 1350 Ct – 175 Ct – 565 Ct = 1000 Ct. Sie muss **10 €** wieder mit nach Hause bringen.
2. Susi: [74,40 € – (74,40 € : 6)] : 4 = 15,50 €;
   Christiane: [(74,40 € + 23,90 €) – 8,30 €] : 4 = 22,50 €.
   Susi hat im Durchschnitt **15,50 €**, Christiane **22,50 €** ausgegeben.
3. a) [(Gesamtkosten – (Übernachtung · Schülerzahl)] : Schülerzahl = 14,40 €.
   Die Fahrtkosten für jeden Schüler betragen **14,40 €**.
   b) 14,40 € : 24 = 0,60 € oder: 360 € : 24 – 14,40 € = 0,60 €.
   Jeder Schüler muss für die Busfahrt **0,60 €** mehr bezahlen.
4. a) 88 € + 25 € = 113 €. Lisa ermittelt **113 €** Gesamtkosten.
   b) (40 € – 0,49 € · 48) : 0,19 € ⇒ 86 SMS. Lisa kann **86 SMS** verschicken.

8. Geld – Prozente

S. 20 – 21
Übung 1 – 4

1. a) 385 € – 0,30 · 385 € = 269,50 € oder 0,70 · 385 € = 269,50 €.
   Herr Schön muss für den Anzug **269,50 €** bezahlen.
   b) 135,85 entspricht 65 % des Preises: (135,85 : 65) · 100 = 209 €.
   Das Kleid von Frau Hübsch sollte ursprünglich **209 €** kosten.
   c) 120 € – 84 € = 36 €; 36 : 120 = 0,3 = 30 %.
   Die Schuhe sind um **30 %** billiger geworden.
2. a) 140 000 € · 0,06 = 8400 €. Nach einem Jahr erhält Glückspilz **8400 €** Zinsen.
   b) 148 400 € + 148 400 € · 0,06 = 157 304 € oder: 148 400 € · 1,06 = 157 304 €.
   Nach dem zweiten Jahr besitzt er **157 304 €**.
3. 26 500 € entspricht 106 %, also 26 500 : 1,06 = 25 000 €.
   Ihr Kapital am Jahresanfang betrug **25 000 €**.
4. Heraufgesetzter Preis: (2040 € : 85)· 100 = 2400 € oder 2040 € : 0,85 = **2400 €**.
   Ursprünglicher Preis: (2400 € : 120) · 100 = 2000 € oder 2400 € : 1,20 = **2000 €**

9. Zeit – Fernsehen

S. 22 – 23
Übung 1 – 3

1. Monat: (282 s + 278 s) · 30 = 4 h 40 min; Jahr: 56 h.
   David muss im Monat **4 h 40 min**, im Jahr **56 h** Werbung über sich ergehen lassen.
2. a) 660 min – 300 min · 2 = 60 min. Es fehlen **60 Minuten** Bandlänge.
   b) Er bringt 5 Folgen auf eine Kassette. Pro Kassette bleibt ein Rest von **25 Minuten**.
   c) (Sendezeit – Werbung) · 6 = 42 min 40 s · 6 = **256 min**.
   oder: Werbung · 6 = 12 min 20 s · 6 = **74 min** (mehr als 1 Folge).
   Die beiden Kassetten reichen ihm jetzt aus.
3. Unterwegs 3 h 30 min + 40 min + 3 h + 25 min = 7 h 35 min;
   8.10 Uhr + 7 h 35 min = 15.45 Uhr
   Harry ist um **15.45 Uhr** wieder zu Hause.

24 – 31

10. Geschwindigkeit – Harry Hurtig auf Achse

S. 24 – 25
Übung 1 – 4

1. 3 h = 180 min und 63 km = 63 000 m
   63 000 m : 180 = 350 m (in 1 Minute)
   350 m – 300 m = 50 m
   Harry legt in einer Minute 50 m mehr zurück.
2. 308 000 m : 88 = 3500 m (pro min); 3500 m · 60 = 210 km (pro h)
   Er war im Schnitt mit 3500 m pro Minute bzw. 210 km pro Stunde unterwegs.
3. 221 km : 3,4 h = 65 km/h; 65 km/h · 2,8 h = 182 km, Gesamtstrecke 403 km;
   403 km : 80 km/h = 5,0375 h = 5 h 2 min 15 s; (375 : 10000 · 3600)
   Für die gesamte Strecke hätte er 5 h 2 min 15 s gebraucht.
4. a) 54 cm : 2 min = 27 cm/min = 270 mm/60 s = 4,5 mm/s;
   27 cm/min = 0,27 m/min. Sie legt 4,5 mm/s bzw. 0,27 m/min zurück.
   b) 27 cm/min · 35,4 min = 955,8 cm. Sie hat 955,8 cm zurückgelegt.

11. Fläche – Pferdekoppel

S. 26 – 27
Übung 1 – 6

1. (8 m · 3 m 50 cm) : (50 cm · 50 cm) = 2800 dm^2 : 25 dm^2 = 112.
   Man braucht 112 Platten.
2. 150x = 120 · 120; x = 96. Das Rechteck ist 96 dm (9,6 m) lang.
3. 1. Feld: 11025 m^2; 2. Feld: 2025 m^2; neues Feld: 13 050 m^2 : 145 m = 90 m
   Das neue Feld muss 90 m breit werden.
4. 327 000 · x = 10 464 000; x = 32. Die durchschnittliche Trassenbreite beträgt 32 m.
5. (40 a – 1080 m^2 – 480 m^2 · 2) : 5 = 392 m^2.
   Auf jedes Mittelhaus entfallen 392 m^2 Grund.
6. 6 m · 5,5 m + 2· 6 m ·2,5 m + 2 · 5,5 m · 2,5 m = 90,5 m^2
   Die Fläche, die gestrichen werden muss, beträgt 90,5 m^2.

12. Volumen – Eiszeit in Europa

S. 28 – 29
Übung 1 – 4

1. a) Verbrauch insgesamt: 8200 ml · 20 000 = 164 000 000 ml
   Packungen insgesamt: 164 000 000 ml : 500 ml = 328 000.
   Eine deutsche Stadt mit 20 000 Einwohnern verbraucht im Jahr durchschnittlich 328 000 Packungen Eis.
   b) 328 000 · 5 cm = 16 km 400 m. Der Eisturm wäre 16 km 400 m hoch.
2. a) 12 hl – (700 ml · 820 + 1 l · 378 + 20 l · 11) = 28 l.
   In dem großen Fass bleiben 28 l übrig.
   b) 28 l : 700 ml = 40. Er muss noch 40 Flaschen besorgen.
3. a) Kathrin trinkt pro Tag im Schnitt 965 ml; Frau Sorge kann zufrieden sein.
   b) Kathrin würde im Monat: 27 l, im Jahr 324 l trinken.
   c) 324 l : 9 l = 36. Das ergibt 36 Kisten im Jahr.
4. 4,5 m · 2,4 m · 1,5 m = 16,2 m^3 = 16 200 l = 162 hl.
   Das Wasserbecken enthält 162 hl.

13. Kleinstes gemeinsames Vielfaches (kgV) – Trainingsrunden

S. 30 – 31
Übung 1 – 2

1. a) kgV (42, 30, 36) = 1260. Sie erreichen eine Höhe von 1 m 26 cm.
   b) Die Anzahl der Klötzchen beträgt: gelb: 30; grün: 42; rot: 35
2. a) kgV (25, 30, 40) = 600. Nach 10 Minuten kommen sie gemeinsam an.
   b) Die Anzahl der Runden beträgt: Schnauf: 24; Zisch: 20; Knatter: 15.

S. 32 – 33

14. kgV und ggT – Holz sägen

Übung 1 – 2

1. ggT (42, 66) = 6 ⇒ Plattenlänge = 6 dm; Plattenzahl: 11 · 7 = 77.
   Herr Flieser benötigt **77 Platten**.
2. ggT (66, 42, 36) = 6 ⇒ Abstand: 6 m : 2 = 3 m. Er nimmt einen Abstand von **3 m**.

S. 34 – 35

15. Direkte und indirekte Proportionalität

Übung 1 – 3

1. (12 · 6 · 500) : (200 · 9) = 20. Es werden **8 Arbeiter** zusätzlich benötigt.
2. 70 000 € : 875 m^2 = 80 € pro m^2; 1062,5 m^2 · 80 €/m^2 = 85 000 €
   oder: 70 000 € : 35 = 2000 € (pro m Länge); 42,5 · 2000 € = 85 000 €
   Der Bauplatz kostet **85 000 €**.
3. 165 € : 8250 € = 0,02.
   Die Lieferkosten betragen für Dreher: 3500 € · 0,02 = **70 €**; für Schreiner: **95 €**.

S. 36 – 37

16. Zahlenterme

Übung 1 – 3

1. a) (85 – 15) : (17 + 18) = 2; Das Ergebnis der Rechnung lautet **2**.
   b) (126 – 39) – (34 + 47) = 6; Das Ergebnis der Rechnung lautet **6**.
   c) 9 · 8 + 84 : 4 = 72 + 21 = 93; Das Ergebnis der Rechnung lautet **93**.
2. a) (5898 + 1000) + (12 479 + 8609 + 6574) = 34 560;
   Das Ergebnis der Rechnung lautet **34 560**.
   b) 12 · (–8) + 109 = –96 + 109 = 13; Das Ergebnis der Rechnung lautet **13**.
   c) (–23 + (–45)) – (22 – (–16)) = –106; Das Ergebnis der Rechnung lautet **–106**.
3. a) (55 – 43) · (–12 + (–13)) = –300; Das Ergebnis der Rechnung lautet **–300**.
   b) (–12 + (–18)) : (38 – 32) = –5; Das Ergebnis der Rechnung lautet **–5**.
   c) (5,68 – 3,04) – (0,58 + 0,6) = 1,46; Das Ergebnis der Rechnung lautet **1,46**.

S. 38 – 39

17. Noch mehr Terme

Übung 1 – 9

1. (12 · 11 + 8 · 13) – 144 : 16 = 227; Das Ergebnis der Rechnung lautet **227**.
2. [(79 – 24) · (33 + 17)] + 100 = 2850; Das Ergebnis der Rechnung lautet **2850**.
3. 2. Waggon: (37 – 19); 3. Waggon: 37 · 2; 4. Waggon: (37 · 2 + 15);
   Das Ergebnis der Rechnung lautet **218**.
4. {[–31 + (–32)] + (–15) · 12} · (–5) = [(–63) + (–180)] · (–5) = (–243) · (–5) = 1215;
   Das Ergebnis der Rechnung lautet **1215**.
5. [(–12) · (–9) – (–48) : (–6)] + (–9 – (–35)) = [108 – 8] + 26 = 100 + 26 = 126;
   Das Ergebnis der Rechnung lautet **126**.
6. $\left[\left(2\frac{12}{130} - \frac{3}{13}\right) : 11 - \left(1\frac{1}{13} - \frac{24}{65}\right) : 23\right] + \frac{2}{5} \cdot \frac{6}{13} = \left[\frac{11}{65} - \frac{2}{65}\right] + \frac{12}{65} = \frac{21}{65}$;
   Das Ergebnis der Rechnung lautet $\frac{21}{65}$.
7. (35,5 · 1,2 + 48,6 : 0,6) : 0,5 – (723,5 · 0,1 – 0,056 : 0,001) = 230,85;
   Das Ergebnis der Rechnung lautet **230,85**.
8. [8,4 + (–9,2)] · [–2,1 + (–3,9)] = 4,8; Das Ergebnis der Rechnung lautet **4,8**.
9. {(–8,6 – 9,4) + [–9,6 – (–11,4)]} · [–0,9 + (–2,1)] = 48,6;
   Das Ergebnis der Rechnung lautet **48,6**.

40 – 47

18. Sport – Spiel – Freizeit I

S. 40 – 41
Übung 1 – 5

1. Die Kosten für das Betreiben eines Gasgrills: (46,65 € – 30 €) : 15 = 1,11 €
2. a) 9 880 000 € : 4 = 2 470 000 €. Jeder erhält 2 470 000 €.
   b) (20 € : 4) · 52 · 18 = 4680 €. Jeder hat in der Zeit 4680 € ausgegeben.
3. a) LBS, LBH, LSH, BSH; sie hatte also 4 Wahlmöglichkeiten
   b) LBS, LBH, LBM, LSH, LSM, LHM, BSH, BSM, BHM, SHM.
   Jedes Kind hat jetzt 10 Wahlmöglichkeiten.
4. a) Die relative Häufigkeit der Ziehung beträgt: 23 : 60 ≈ 0,38;
   nach dem Gesetz der großen Zahlen: 60 000 : 3 = 20 000.
   b) 60 000 – 20 000 = 40 000; die relative Häufigkeit beträgt $\frac{2}{3}$
5. a) Die Chance ist 33 %, da es nach der Entscheidung des Spielers egal ist, ob eine andere Karte aufgedeckt ist oder nicht.
   b) Jörg verliert nur dann, wenn die zuerst abgelegte Karte der Joker ist. In diesem Fall aber (vgl. a) ist die Chance gleich 33 %.
   c) 60 000 – 20 000 = 40 000. Jörg würde 40 000-mal den Joker ziehen, wenn er in jedem Fall seine zuerst getroffene Wahl ändert.

19. Sport – Spiel – Freizeit II

S. 42 – 43
Übung 1 – 2

1. a) 215 Ct · (150 hl : 10 hl) = 32 € 25 Ct. Die Füllung kostet 32 € 25 Ct.
   b) 150 hl : (5 · 60) = 50 l. Die Umwälzpumpe muss 50 l in der Minute schaffen.
   c) Anzahl der Meter: 11 min 40 s : 50 s = 700 s : 50 s = 14
   ⇒ Das Becken hat 14 m Umfang.
2. a) 170 s · 6 + 3 min · 5 = 1020 s + 15 min = 17 min + 15 min = 32 min.
   Der Spaß auf dem Karussell dauert insgesamt 32 Minuten.
   b) 1,5 € · 6 – 8 € = 1 €. Sie hat 1 € gespart.
   c) (1 : 9) · 100 % = 11 %. Das ist eine Ersparnis von 11 %.

20. Handel und Gewerbe I

S. 44 – 45
Übung 1 – 3

1. (2944 € – 384 € – 1680 €) : 11 = 80 €. Eine Arbeitsstunde kostete 80 €.
2. 5895 € – 3460 € – 490 € = 1945 €. Der Gewinn betrug 1945 €.
3. a) 80 € · 0,8 = 64 €. Der Preis der Jacke betrug 64 €.
   b) 80 € · 15 – (45 € · 15 + 180 €) = 1200 € – 855 € = 345 €.
   Der Gewinn betrug 345 €.
   c) 64 € · 30 – (45 € · 30 + 180 € : 4) = 1920 € – 1395 € = 525 €.
   Der Gewinn in der Werbewoche beträgt 525 €.
   d) 80 € · 45 – (45 € · 45 + 180 € : 4 · 16) = 3600 € – 2745 € = 855 €.
   Der Gesamtgewinn wäre 855 € gewesen.

21. Handel und Gewerbe II

S. 46 – 47
Übung 1 – 3

1. 1093 € · 2 – 1700 € – 212,65 € = 273,35 €.
   Seine Geschäftskosten waren 273,35 €.
2. (530 € + 718 €) – (445,50 € + 469,90 € + 179,50 €) = 153,10 €.
   Obsthändler Birnbaums Gewinn betrug 153,10 €.
3. 1785 € + 156 € – 95,50 € = 1845,50 €. Die Ware wurde für 1845,50 € eingekauft.

22. Transport und Verkehr I

S. 48 – 49
Übung 1 – 2

1. a) 80 km · 4 + 80 km : 2 = 360 km. Er kann höchstens 360 km weit fahren.
   b) Der Fahrer ist mindestens unterwegs:
   Stuttgart – Düsseldorf: 6 h; Leipzig – Kassel: 3 h 30 min;
   c) Er kommt in dieser Zeit höchstens 260 km (440 km) weit.
2. a) 6 000 000 : (75 · 4000) = 20. Es werden 20 Lkw benötigt.
   b) 126 000 000 € : 6 000 000 = 21 €.
   Für die Unterbringung wurden pro Titel durchschnittlich 21 € aufgewendet.

23. Transport und Verkehr II

S. 50 – 51
Übung 1 – 2

1. a) 582 km : 250 m = 2328. Es fahren in diesem Moment 2328 Lkw nach Berlin.
   b) In jedem Moment sind 34 920 t auf dieser Autobahn unterwegs.
2. a) 20 · 15 m + 19 · 100 m = 2 km 200 m. Diese Schlange ist 2 km 200 m lang.
   b) Anzahl der Lkw-Schlangen: 2600 : 20 = 130
   Gesamtlänge der Schlangen: 2200 m · 130 = 286 km
   Abstand zwischen den Lkw-Schlangen: (608,5 km – 286 km) : 129 = 2,5 km

24. Energie und Rohstoffe I

S. 52 – 53
Übung 1 – 2

1. (36 € + 17 € + 22 Ct · 100) : 100 = 75 Ct
   Ein Liter Biodiesel kostet an der Tankstelle 75 Ct.
2. a) (2600 + 2100 + 3900 + 4500) · 35 Ct = 4585 €.
   Die ganze Öllieferung kostet 4585 €.
   b) 4500 · 4 Ct = 180 €. Herr Winter hat 180 € gespart.

25. Energie und Rohstoffe II

S. 54 – 55
Übung 1 – 2

1. a) (7500 · 0,8 + 15 000 · 0,75 + 12 000 · 0,6) · 32,4 Ct = 7921,80 €.
   Die gesamte Heizöllieferung kostet 7921,80 €.
   b) Die Familien sparen ein: Müller: (34,6 Ct – 32,4 Ct) · 7500 · 0,8 = 132 €;
   Maier: 123,75 €; Huber: 158,40 €;
2. a) 5 h · 7 · 52 = 1820 h. Jede Lampe brennt im Jahr 1820 Stunden.
   b) Glühbirne: 52 · 0,25 € = 13 €; Sparlampe: 52 · 0,05 € = 2,60 €;
   Die Stromkosten sind: für die Glühbirne 13 €, für die Sparlampe 2,60 €.
   c) 9100 h : 1820 h = 5. Eine Energiesparlampe hält 5 Jahre.
   d) (10·1,25 € + 13 € · 5) – (12 € + 2,60 € · 5) = 77,50 € – 25,00 € = 52,50 €.
   Herr Sparsam kann 52,50 € sparen.
   e) 52,50 € · 100 : 77,50 € = 67,74.
   Es werden 68 % der ursprünglichen Ausgaben eingespart.

26. Natur und Umwelt I

S. 56 – 57
Übung 1 – 2

1. a) (145 kg : 5) · 25000 · 12 = 8700 t.
   In der Stadt müssen jährlich 8700 t Müll beseitigt werden.
   b) (8700 t : 30 t) · 12 = 3480 m.
   Der Güterzug müsste 3480 m lang sein.
   c) (37,93 € + 53,39 €) · 4 + 1,50 € · 8 = 91,32 € · 4 + 12 € = 377,28 €.
   Die jährliche Abfallentsorgung für die Kellers kostet 377,28 €.
2. (12 l – 7 l) · 12 · 365 = 21900 l; 219 · 23 Ct = 50,37 €.
   Es werden an Wasserkosten jährlich 50,37 € gespart.

58 – 63

27. Natur und Umwelt II

S. 58 – 59
Übung 1

1. Gewicht von: Förster Specht: 70 kg; Frau Rehbein: 60 kg.

Tiername	Zusammenhang	Gewicht
Reh	x	20 kg
Hirschkuh	$4x$	80 kg
Hirsch	$8x$	160 kg

Gleichung: $x + 4x + 8x = (70 + 60) \cdot 2$; $13x = 260$; $x = 20$
Es wiegen: ein Reh: 20 kg, eine Hirschkuh: 80 kg, ein Hirsch: 160 kg

28. Urlaub und Reisen I

S. 60 – 61
Übung 1 – 3

1. (18 € : 40 Ct) : 2 = 22,5.
   In einer Entfernung von 22,5 km würden die Kosten ausgeglichen.
2. (300 € – 199,20 €) : 1,40 € = 72; (250 km + 72 km) : 2 = 161 km.
   Die Reise kann 161 km weit gehen.
3. a) Vater: 5 € · 12 Monate = 60 €; 40 % von 60 €: 24 € ⇒ 60 € + 24 € = 84 €;
   Mutter: $\frac{1}{3}$ von 210 € = 70 €.
   Summe mit dem Geld des Opas: 84 € + 70 € + 50 € = 204 €. Es fehlen 6 €.
   b) Vater: 5 € · 12 Monate = 60 €; 60 % von 60 €: 36 € ⇒ 60 € + 36 € = 96 €;
   96 € + 70 € + 50 € = 216 €. Jetzt reicht das Geld (216 €), und es sind sogar noch 6 € übrig.

29. Urlaub und Reisen II

S. 62 – 63
Übung 1 – 2

1. 4 Erwachsene: 768 € · 4 = 3072 €;
   2 Erwachsene und 3 Kinder: 768 € · 2 + (768 € – 768 € : 3) · 3 = 3072 €.
   Die Aussage von Frau Sonnemann stimmt also.
2.

Tierart	Zusammenhang	Anzahl
Ziegen	x	6
Kühe	$2x$	12
Hühner	$4x$	24
Schafe	$2x + 4$	16
Gänse	$x + 2$	8

Gleichung: $x + 2x + 4x + 2x + 4 + x + 2 = 10x + 6 = 66$; $x = 6$

S. 64 – 65

30. Länder und Völker I

Übung 1 – 4

1. 320 km : 40 km = 8; Sie hatten noch 8 Stunden Zeit.
2. (150 g · 12) : (5 – 1) = 450. Mali muss 450 g oder 90 Heuschrecken einsammeln.
3. a) 3 283 200 : (80 · 24 · 30) = 57.
   Die beiden Reisenden wären 57 Monate unterwegs.
   b) 3 283 200 : 40 000 = 82,08. Sie würden die Erde 82 volle Mal umrunden.
4. 102,8 °C – 67,8 °C = 35 °C; Abweichung: 35 °C – 15 °C = 20 °C
   Im heißesten Sommer waren es 35 °C. Die Abweichung von der mittleren Temperatur betrug 20 °C.

S. 66 – 67

31. Länder und Völker II

Übung 1

1. a) Afrika: 15 mm, Amerika: 21 mm, Antarktis: 7 mm, Asien: 22 mm, Australien: 4 mm, Europa: 5 mm;
   b) 181 mm; 2 Millionen km^2 · 181 = 362 Millionen km^2.
   Der Reststreifen mit 181 mm Länge entspricht 362 Millionen km^2; das ist die ungefähre Wasseroberfläche der Ozeane.
   c) Land: 149 912 000 km^2;
   Wasser: 510 000 000 km^2 – 149 912 000 km^2 = 360 088 000 km^2.
   Die von Wasser bedeckte Erdoberfläche ist 360 088 000 km^2 groß.
   d) 10 500 000 km^2 : 350 000 km^2 = 30.
   Die Fläche Deutschlands ist 30-mal in der Fläche Europas enthalten.

S. 68 – 69

32. Technik und Weltraum

Übung 1 – 3

1. a) Der Astronaut wiegt auf dem Mond 84 kg : 6 = 14 kg.
   b) Rucksack Mond: 70 kg, Rucksack Erde: 70 kg · 6 = 420 kg.
   Er könnte einen Rucksack mit einem Gewicht von 420 kg tragen.
2. a) 4700 kg – 1870 kg · 2 = 960 kg.
   Der dritte Satellit darf höchstens 960 kg wiegen.
   b) 120 000 · 2 + 120 000 : 2 = 300 000. Es können 300 000 Leute telefonieren.
3. a) Es sind 45 · 2 · 80 · 850 = 6 120 000 Buchstaben im Lexikon.
   b) 650 000 000 : (500 · 5000) = 260
   Auf einer CD haben insgesamt 260 Bücher mit 500 Seiten Platz.
   c) Hans Schlau hat ganz schön übertrieben.

70

S. 70
Übung 1 – 3

33. Bauen und Heimwerken

1. einmaliger Anstrich: 250 ml · 38 = 9 l 500 ml
   zweimaliger Anstrich: 9500 ml + 9500 ml : 2 = 14 250 ml
   Zahl der Farbeimer: 14 250 ml : 2500 ml = 5 Rest 1750 ml ⇒ 6 Eimer
   Kosten: 16 € · 6 = 96 €.
   Er muss für den Anstrich der beiden Zimmer insgesamt 96 € aufwenden.
2. a) [(4,20 m + 3,10 m) · 2 – 1,90 m] : 50 cm = 12,70 m : 0,5 m = 25 Rest 40 cm
   Es sind 26 Tapetenbahnen erforderlich.
   b) 26 : 4 = 6 Rest 2.
   Es sind also 7 Rollen Tapete erforderlich.
   c) 16,50 € · 7 + 9,70 € = 115,50 € + 9,70 € = 125,20 €.
   Das neue Zimmer kostet 125,20 €.
3. a) Die Maße der Skizze: 25 cm, 13 cm; 4 cm für den Plattenweg.

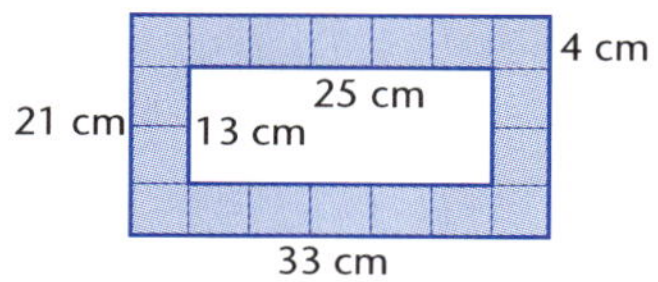

   b) (25 m + 8 m) · (13 m + 8 m) – 25 m · 13 m
   = 33 m · 21 m – 25 m · 13 m = 368 m².
   Es müssen insgesamt 368 m² Platten verlegt werden.
   c) (33 m + 21 m) · 2 – (2,50 m · 2) = 103 m.
   Es müssen insgesamt 103 m Zaun eingekauft werden.